Jaclyn Kostner

König Artus und die virtuelle Tafelrunde

Jaclyn Kostner

König Artus und die virtuelle Tafelrunde

Wie Sie Teams aus der Ferne
zu Höchstleistungen führen

Aus dem Englischen von
Ulrike Zehetmayr

SIGNUM

Für Jim und Jim jr.

This edition published by arrangement with Warner Books, Inc., New York.

Die Deutsche Bibliothek – CIP-Einheitsaufnahme

Jaclyn Kostner:
König Artus und die virtuelle Tafelrunde : wie Sie Teams aus der Ferne zu Höchstleistungen führen / Jaclyn Kostner. [Aus dem Engl. von Ulrike Zehetmayr]. - Wien : Signum, 1998
(Business)
Einheitssacht.: Knights of the tele-round table ‹dt.›
ISBN 3-85436-248-X

Cover: Heinz Linhart
Umschlagfoto: © COMSTOCK Fotoagentur
Druck: Ueberreuter Buchbinderei und Buchproduktion Gesellschaft m.b.H., A-2100 Korneuburg, Industriestraße 1

ISBN 3-85436-248-X
Wien 1998

Inhalt

Ein paar Worte des Dankes

Ich möchte an dieser Stelle meinen Freunden, Verwandten, Bekannten, Kollegen, Klienten und all den anderen für ihre Hilfe und Unterstützung bei diesem Buch danken.

Mein besonderer Dank gilt Jim Kutsko Sen., dem der wunderbare Titel *König Artus und die virtuelle Tafelrunde* (engl. Originaltitel: *Knights of the tele-round table* und der großartige letzte Satz eingefallen sind. Sein brillanter Verstand gleicht dem von Sir Lancelot und sein Charakter dem von König Artus. Seine kompetente und konstruktive Kritik während der Entstehung dieses Buches und die Sichtweise eines Mannes, die er mir ermöglichte, haben mir geholfen, die Charaktere plastisch zu gestalten. Seine Anteilnahme und sein großes Interesse für den Verlauf der Geschichte haben mir gezeigt, daß ich auf dem richtigen Weg bin. Sein Zuspruch und seine Unterstützung waren von großer Bedeutung für mich.

Ein großes Dankeschön gebührt auch Dr. Judith Briles, die nicht nur eine wunderbare Freundin ist, sondern mir auch als unbezahlbare Beraterin zur Seite stand. Ich danke ihr besonders dafür, daß sie mir ihre beruflichen Kontakte zur Verfügung stellte und Türen für mich öffnete, die mir ohne sie vermutlich verschlossen geblieben wären.

Weiters möchte ich Dr. Carl Larson danken, meinem hochgeschätzten Professor und Mentor bei meiner Dissertation an der Universität von Denver. Ich danke ihm für seine Freundschaft und Unterstützung.

Robert Kriegel und Brian Tracy, den beiden renommierten und bekannten Wirtschaftsautoren, die die Entstehung dieses Buches förderten, ohne mich zu kennen. Obwohl sie sehr beschäftigt und erfolgreich sind, haben sie sich die Zeit genommen, einer unbekannten Autorin zu helfen. Ihre Freundlichkeit und ihr Interesse sind eine Ehre für mich.

Peggy Sagan, deren herausragende Fähigkeiten bei der Leitung eines weit verstreuten Teams von Autoren, Verlegern und Marketingexperten im Rahmen meines ersten Buches vor zehn Jahren mein Interesse für die Führung von Teams aus der Ferne erweckten. Sie ist ein Vorbild für alle Frauen und Führungskräfte, die ihre Mitarbeiter aus der Entfernung zum Erfolg führen müssen. Sie hat mein Leben verändert.

George Davis, Tom Schlegel und Robert Vicek möchte ich meinen Dank dafür aussprechen, daß sie mich in den letzten Jahren an ihrem Wissen, ihren Perspektiven und ihren außergewöhnlichen Einsichten teilhaben ließen. Die Diskussionen, die ich mit ihnen über Wirtschaft und Mitarbeiterführung gehabt habe, waren faszinierend. Ihre positive Reaktion auf dieses Buch ist eine große Freude für mich.

Jamie Raab, meinem Verleger, dessen freundliche Unterstützung und uneingeschränkte Begeisterung für dieses Buch mir sehr geholfen haben. Ich danke ihm, daß er mich so herzlich bei Warner Books aufgenommen hat. Es ist ein Vergnügen, mit ihm und seinen Kollegen zu arbeiten.

Ich möchte mich auch bei all denen bedanken, die mir angeboten haben, das Buch zu lesen und über die Vorveröffentlichung zu schreiben. Danke an Mal Cleland, Jim Decker, Ron Eckhardt, Michael Gianetti, Gail Hytner, Jessica Janovsky, Pat Keller, Suzanne Mulvee, Betty Naglic, Dave Near, Bob Patti, Marquesa Pettway, Gordon Pierce, Sandra Poland, Ken Radziwanowski, Tamara Sheppard, Christy Strbiak, Karen Wainwright und Pat Whitelock, meiner lieben Freundin, deren einfühlsames Feedback mir geholfen hat, meine Ideen zu formulieren.

Edward De Croce, dessen Talent als Photograph unübertroffen ist. Er ist der einzige Berufsphotograph, der Bilder von mir gemacht hat, die mir gefallen.

Zuletzt möchte ich meinen Freunden und meiner Familie danken, die mir zuhörten, mich ermutigten und mich auf jede erdenkliche Art unterstützten: Fran Buys, Judy Gardner und Vicki Thomas Martin. Und meiner Mutter, die sich so über meinen Erfolg gefreut hat.

Einleitung

Stellen Sie sich vor, Sie stehen vor einer der größten beruflichen Herausforderungen Ihrer Karriere – der Leitung eines über die ganze Welt verstreuten Teams, das alles andere als erfolgreich ist. Eines Tages werden Sie quer durch die Jahrtausende mit einer der legendärsten Führungspersönlichkeiten aller Zeiten verbunden – König Artus von Camelot.

In diesem Wirtschaftsroman werden Sie Jim Smith kennenlernen, den Leiter eines internationalen Projektteams, der mit einer großen Herausforderung zu kämpfen hat – *ein Team zum Erfolg zu führen, dessen Mitglieder ihm nicht direkt unterstehen und weit entfernt von ihm arbeiten.*

Unterhaltsam und spannend erläutert Artus jene Strategien, die er anwendet, um seine Ritter der Tafelrunde zu vereinen und einzubeziehen. Mit all der Weisheit und Geschicklichkeit, die man von einem legendären König erwartet, lehrt Artus seinen Freund aus der Zukunft nicht nur, wie dieser die *geographische* Distanz zwischen seinen Rittern überbrücken kann, sondern zeigt ihm auch, wie er die *menschliche* Distanz überwinden kann, damit seine Ritter auch über die Entfernungen hinweg als Team agieren.

Artus' Führungsstrategien sind nicht nur für Jim von Bedeutung, sondern für alle Führungskräfte, deren Teams nicht an einem Ort zusammenarbeiten. Diese Strategien erstrecken sich auf:

- ◆ die Zusammenarbeit mit Kunden, Zulieferer und anderen Geschäftspartnern;
- ◆ Teams, die ihre Ressourcen über die Entfernung hinweg teilen müssen;
- ◆ Verkaufs- und Serviceunternehmen mit mehreren Niederlassungen;
- ◆ Teams mit übergreifenden Arbeitsbereichen, deren Mitglieder weitgehend selbständig agieren müssen;
- ◆ ausgelagerte Produktion, internationale Zusammenarbeit auf dem Gebiet der Entwicklung und Forschung und andere Formen der Zusammenarbeit über räumliche Distanzen;
- ◆ strategische Partnerschaften und andere virtuelle Unternehmen;
- ◆ Telecommuter bzw. Tele-Pendler, mobile Arbeitsgruppen und zeit- und ortsunabhängige Teams.

In dieser Geschichte möchte Jim die Entfernung zwischen seinen Mitarbeitern überbrücken, weiß aber nicht, wie er das schaffen soll. Die Lektionen, die König Artus ihn lehrt, werden auch Sie faszinieren und Ihre Auffassung von Ihrer Rolle als Leiter eines dezentral operierenden Teams von Grund auf verändern.

Als Leitfaden verwendet König Artus Symbole aus der Legende, die uns allen vertraut sind.

Excalibur

Um seine Mitarbeiter *zu Spitzenleistungen anzuspornen*, muß der Leiter des Teams vor allem Vertrauen schaffen, was im Fall dezentral arbeitender Teams besonders schwierig ist. Erstens kennen die Mitglieder eines virtuellen Teams einander meist kaum. Zweitens haben sie nur selten die Möglichkeit, auf herkömmlichem Weg Vertrauen zueinander zu fassen. Drittens funktioniert die Kommunikation über die Entfernungen hinweg meist nicht sehr gut, was das Vertrauen stark beeinträchtigt. Wenn diese Probleme ignoriert werden, wird die Leistung darunter leiden, und Synergieeffekte können nicht wirksam werden.

Nur wenn der Leiter eines virtuellen Teams eine starke Vertrauensbasis schafft, kann er mit Höchstleistungen rechnen. Excalibur, das Symbol für effektive Mitarbeiterführung, soll den Teamleiter daran erinnern, daß seine primäre Aufgabe darin besteht, *Vertrauen* zu schaffen.

Die Tafelrunde

Menschen, die über Entfernungen hinweg zusammenarbeiten, sehen sich oft nicht als Team oder zusammengehörige Einheit. Statt dessen wird ihre Aufmerksamkeit von Personen und Ereignissen in ihrer unmittelbaren Umgebung abgelenkt. Die Tafelrunde erinnert den Teamleiter daran, Symbole und Strukturen zu schaffen, die die Einheit des Teams stärken.

Das große Turnier

Virtuelle Teams neigen dazu, Informationen nicht effektiv weiterzugeben. Ein Grund dafür liegt darin, daß sie nicht über die herkömmlichen Möglichkeiten der direkten Kommunikation verfügen (wie z. B. zwanglose Unterhaltungen in der Mittags- oder Kaffeepause). Das große Turnier hilft dem Teamleiter, dieses Problem zu lösen.

Camelot

Virtuelle Teams brauchen klare Strukturen, um ihre Zeit und Energie trotz der Distanzen effektiv zu nützen. Visionen, konkrete Aufgabenstellung und Ziele sind für alle Teams wichtig, besonders, wenn große Distanzen die Zusammenarbeit erschweren. Dezentral operierende Teams brauchen aber noch andere Hilfsmittel, um über die Entfernungen hinweg gemeinsam die gewünschten Leistungen zu erzielen. In diesem Kapitel wird ein Entscheidungsprozeß vorgestellt, mit dessen Hilfe die Arbeit in den verschiedenen Niederlassungen in eine gemeinsame Richtung gelenkt wird.

Lancelot

In virtuellen Teams kommt es oft vor, daß die Beziehung zu Kollegen, die am gleichen Ort arbeiten, sehr stark ist, während der Kontakt zu den Kollegen in der Ferne vernachlässigt wird. Diese ungleiche Verteilung der Aufmerksamkeit kann zu Rivalitäten um die Gunst des Teamleiters führen. Lancelot erinnert den Teamleiter daran, die besonderen Bedürfnisse seiner Mitarbeiter in der Ferne zu berücksichtigen.

Merlin

Die Mitglieder dezentraler Teams verfügen über voneinander verschiedene Informationen. Darüber hinaus ist der *Zusammenhang*, in dem die Informationen erhalten und weitergegeben werden, in den verschiedenen Niederlassungen immer ein anderer. Durch diesen ungleichen Informationsstand können Mißverständnisse entstehen. Merlin ist das Symbol für effektive Kommunikation über Entfernungen hinweg.

Dieses Buch soll Sie einerseits unterhalten, andererseits aber auch auf die wichtigsten Faktoren zur Überbrückung der geographischen und menschlichen Distanz aufmerksam machen. Ihr Beitrag besteht nun darin, sich zurückzulehnen und sich zu entspannen. Und diese Geschichte über das Abenteuer von der Führung virtueller Teams zu genießen.

Dr. Jaclyn Kostner

Die Münze

»Das glaubt mir *keiner*«, dachte Jim Smith. »Warum *sollte* das auch irgend jemand glauben? Am Anfang habe ich es ja selbst nicht geglaubt. Alles, was geschehen ist, war so merkwürdig, daß ich es für einen Traum hielt. Jetzt weiß ich, daß es keiner war. Das ist *alles wirklich passiert* – und zwar mir! Und es hat mein Leben für immer verändert.«

Die Geschichte begann an einem kalten Herbstabend am Londoner Flughafen. Jim Smith, Leiter eines Teams, dessen Mitglieder in Amerika und Europa verstreut waren, hatte gerade eine Arbeitswoche in Europa hinter sich gebracht und war auf dem Heimweg nach Atlanta.

Jim schlenderte geduldig in der überfüllten Wartehalle umher, bis sein Flug aufgerufen wurde. Dann machte er sich auf den Weg zu seinem Gate. Er bemerkte gar nicht, daß die vielen Menschen plötzlich verschwunden waren, als er den langen Gang zu seinem Flugzeug betrat.

Er stellte sich auf das Personenförderband, um den Marsch durch den scheinbar endlosen Gang etwas zu verkürzen. Das Gefühl, auf einem Förderband zu gehen, hatte Jim schon immer gefallen. Sein rascher Schritt, kombiniert mit der Bewegung des Bandes, ließ ihn einen leichten Gegenwind spüren, der sich herrlich anfühlte. Auf eine merkwürdige, aber irgendwie verständliche Weise, fühlte er sich dadurch wie Superman.

Durch die Fenster des Ganges sah Jim, wie die Sonne unterging und die Dunkelheit hereinbrach. Er konnte das tiefe Dröhnen eines Jets hören, der in der Ferne gerade abhob. Als er den Blick von den Fenstern wandte, sah er ein Telephon an der Wand des Ganges. »Ich sollte meinen Anrufbeantworter noch abhören, bevor ich ins Flugzeug steige«, sagte er zu sich selbst.

Jim bezahlte den Anruf mit Kreditkarte. Als er jedoch den Hörer aufhängte, hörte er, daß eine Münze in das Loch für die Geldrückgabe fiel. Fast instinktiv griff er hinein und spürte tatsächlich eine Münze.

»Das ist komisch!« sagte er, als er die seltsam geformte, alt aussehende Münze herausnahm. Sie hatte keinerlei Ähnlichkeit mit den Münzen, die Jim in der letzten Woche auf seiner Geschäftsreise in England verwendet hatte.

Er warf einen kurzen Blick auf das runde Metall und dachte: »Vielleicht bringt mir diese Münze das Glück, das ich brauche, um mein ›*virtuelles*‹ Team unter einen Hut zu bringen.«

Für Jim hatte das Wort *virtuell* einen bitteren Beigeschmack. *Virtuell* war das neue High-Tech-Zauberwort, das die Leute in seiner Firma ständig verwendeten. Er erinnerte sich, wie einer der Manager gesagt hatte: »Mit tragbaren Computern, Mobiltelephonen, Videokonferenzen und anderen Technologien müssen die Leute nicht mehr immer am selben Ort arbeiten. Jetzt können sie in ihren Autos, Flugzeugen, zu Hause, im Büro, bei den Kunden – einfach überall – arbeiten! Wenn die Leute sich treffen müssen, können sie das *virtuell* tun. Wir leben doch schließlich im Zeitalter der *Virtual Reality*!«

Für Jim bedeutete *virtuell* etwas ganz anderes. Fast jeder, mit dem er beruflich kommunizieren mußte, war an irgend einem anderen Ort, weit von ihm entfernt. Wenn er telephonierte, sprach er kaum noch mit den Menschen selbst. Mit seinem niedrigen Reisebudget schien es fast unmöglich, den Überblick zu behalten, über das, was außerhalb seiner unmittelbaren Reichweite passierte. Mit Mitarbeitern, die über zwei Kontinente verstreut waren, schien es auch fast unmöglich, so etwas wie Teamgeist zu schaffen. Für ihn wurde diese *virtuelle* Arbeitssituation langsam zu einem sehr realen Alptraum!

Jim hing seinen Gedanken weiter nach: »Ich werde allerdings fast ein Wunder brauchen, um meine Leute in ein echtes Team zu verwandeln.« Er warf die Münze in die Luft und fing sie auf. Dann steckte er sie in die Tasche, ging zu seinem Gate und stieg in das Flugzeug.

Zu diesem Zeitpunkt ahnte er noch nicht, daß die Münze sein Leben verändern würde.

Als das Flugzeug in der Luft war, kam die Stewardeß zu ihm. Mit einer Stimme, die ihn an seinen Collegeschwarm erinnerte, fragte sie: »Würden Sie gerne etwas trinken, bevor wir das Abendessen servieren, Mr. Smith?«

»Ja. Kaffee bitte ... äh, Gwen«, antwortete er, als er ihr Namensschild sah. Nachdem er kreuz und quer über den Globus gehetzt war, kaum Zeit zum Schlafen gehabt hatte und ständig unter Streß gestanden war, fühlte er sich ziemlich fertig. Er hoffte, daß er nach einem Koffeinstoß ein wenig fitter sein würde, so daß er sich zumindest den Film ansehen konnte.

Als die Stewardeß den Kaffee einschenkte, zog Jim die alte Münze aus der Tasche. Ihre seltsame Form faszinierte ihn, und er wollte sie sich genauer ansehen. Auf der einen Seite der

Münze war die erhabene Silhouette einer sehr schlichten Königskrone abgebildet, auf der anderen ein paar Buchstaben. Einige waren zwar schon völlig abgewetzt, doch ein X, C, A (dann ein Abstand) und ein P oder R waren noch zu erkennen.

Als Gwen ihm den Kaffee reichte, untersuchte Jim noch immer die Münze.

»Das sieht wie eine sehr alte und sehr wertvolle Münze aus«, sagte Gwen. Dann beugte sie sich zu Jim hinunter und sagte leise, aber bestimmt: *»Ich würde gut darauf aufpassen, Mr. Smith. Münzen wie diese können Zauberkräfte haben.«* Sie warf ihm einen geheimnisvollen, wissenden Blick zu, und Jims Hand schloß sich um die Münze.

»Meinen Sie das mit den drei Wünschen, wie bei Aladin?« fragte Jim scherzhaft und erwartete, daß sie mit ihm darüber lachen würde. »Glauben Sie, ich kann mir mit dieser Münze eine Milliarde Dollar wünschen oder den Weltfrieden oder irgend so etwas?«

Doch Gwen lachte nicht. Langsam und deutlich flüsterte sie ihm ins Ohr: »Nicht drei Wünsche, Mr. Smith. *Einen.* Nicht *irgend etwas.* Etwas ganz *Bestimmtes.* Die Münze wird Ihnen die Antwort auf eine Frage geben, die Sie in letzter Zeit sehr beschäftigt hat. Wenn Sie die Antwort wissen möchten, reiben Sie mit dem Daumen *einmal* über die Buchstaben. Sie werden die Antwort bekommen, die Sie suchen.«

Jim fühlte sich wie ein unfreiwillig Mitwirkender in einem schlechten Science-Fiction-Film. Wer war diese Frau? Hatte sie übersinnliche Kräfte? Konnte sie seine Gedanken lesen? Oder war sie nur einfach nicht ganz bei Trost?

Als ihre Aufmerksamkeit von anderen Fluggästen in Anspruch genommen wurde, schluckte Jim. Eine Frage hatte ihn in letzter Zeit tatsächlich sehr beschäftigt: *»Wie mache ich die Mitarbeiter meines weltweiten Projekts zu einem richtigen Team?«* Warum wußte *sie*, daß ihn diese eine Frage das ganze letzte Monat verfolgt hatte?

Jim hatte andere Projekte, bei denen alle unter einem Dach arbeiteten und in seiner Reichweite waren, mit großem Erfolg geleitet. Es war viel leichter gewesen, den Überblick zu bewahren, Probleme schnell zu erkennen und spontan zu reagieren.

Mit seinem auf der ganzen Welt verstreuten Team war er bisher allerdings nicht sehr erfolgreich gewesen. »Ich habe das Gefühl, daß ich sechs kleine, unabhängige Abteilungen leite, statt ein zusammengehöriges Team«, klagte er oft im stillen. Ein Team zu führen, das auf sechs verschiedene Orte aufgeteilt war und fünf verschiedene Aufgabenbereiche, drei Unternehmen und drei Standorte in Europa umfaßte, war die größte berufliche Herausforderung, vor der Jim je gestanden war.

Er wußte, daß die Leitung eines virtuellen Teams eine völlig neue Aufgabe war, die er lösen mußte. Er wußte, daß der Schlüssel zum Erfolg darin lag, die geographische und auch die menschliche Distanz zwischen den Mitarbeitern zu überbrücken.

Jim wünschte, er könnte einen Mentor oder Berater finden, der schon einmal erfolgreich ein Team aus der Ferne geleitet hatte. Doch jeder, der mit einer ähnlichen Aufgabe betraut worden war, kämpfte ebenso wie er.

Während er nachdachte, strich Jim unbewußt mit dem Daumen über die Buchstaben auf der Münze. Plötzlich, für den Bruchteil einer Sekunde, erfüllte ein gleißendes Licht das Flugzeug. Dieses Licht war so schnell wie der Blitz einer Photokamera, nur viel heller. Dann, innerhalb einer Nanosekunde, war jede Spur davon verschwunden.

Jim blickte unsicher um sich und dachte: »Was war das denn?«

Doch als er die Leute in seiner Umgebung ansah, zeigte niemand irgendeine Reaktion. Sie unterhielten sich, lasen oder sahen sich das Nachrichtenvideo an, so als wäre nichts gewesen. Niemand schien erstaunt zu sein. Und niemand anderer sah sich im Flugzeug um, auf der Suche nach einer Erklärung für das plötzliche Licht.

Jim öffnete seine Faust und sah auf die Münze. Er fragte sich, ob sie etwas mit dem mysteriösen Licht zu tun hatte. Seine rationale Seite sagte ihm aber, daß Münzen keine Zauberkräfte besitzen. Er schloß die Hand mit der Münze wieder.

Er warf einen Blick aus dem Fenster, um festzustellen, ob das Licht vielleicht ein Blitz gewesen war. Aber alles, was er draußen erkennen konnte, war völlige Dunkelheit. In der Fensterscheibe fiel sein Blick jedoch auf ein undeutliches Spiegelbild. Es war ein altes Gesicht mit müden, aber dennoch funkelnden Augen, das ihm entgegensah. »Gott, ich sehe ja furchtbar aus«, dachte er und trank schnell einen Schluck von seinem Kaffee.

Um sein Spiegelbild auf der Fensterscheibe besser sehen zu können, drehte er die Leselampe über seinem Sitz an. Das Bild war kaum klarer als zuvor. »Ich muß mir unbedingt den Bart stutzen lassen«, sagte er und griff sich ans Kinn.

Doch da war kein Bart. Nur glatte Haut! In dieser Sekunde wurde Jim klar, daß irgend etwas nicht stimmte – und zwar *ganz und gar nicht* stimmte! Das Herz sank ihm in die Hose, als ihm plötzlich einfiel: Er hatte seinen Bart letzte Woche abrasiert!

Jim zog blitzartig den Kopf vom Fenster zurück, wie eine Schildkröte, die sich vor ihrem schlimmsten Feind schützen will. Was ging hier vor? Er sah noch einmal auf die Münze in seiner Hand und schloß die Finger schnell wieder. Ein Strom von Adrenalin flutete durch jeden Teil seines Körpers, während Jim versuchte, etwas zu verstehen, von dem er *wußte*, daß es unmöglich war.

Wie ferngesteuert ging er zur Toilette, öffnete die Türe und sperrte sie hinter sich ab. Er stützte sich mit den Fäusten auf den

Rand des kleinen Waschbeckens. Seine Arme trugen das gesamte Gewicht seines Körpers.

Einige Sekunden stand er still da und starrte auf seine Hände. Träumte er? »Ja, genau, das Ganze muß ein Traum sein! Ich spüre zwar den kalten Boden unter den Füßen, aber ich weiß, daß das ein Traum sein muß!« sagte er leise mit leicht zitternder Stimme.

Er benetzte sein Gesicht mit Wasser. Das kalte Naß fühlte sich erfrischend auf der Haut an und milderte das kribbelnde Gefühl, das seine überforderten Sinne aussendeten, auf ein erträgliches Maß. Jim ließ das Wasser von seinem Gesicht in das Waschbecken und auf den Boden tropfen.

Nachdem er sich beruhigt hatte, beging er den Fehler, in den Spiegel zu sehen. Bevor er denken konnte, schalteten sich seine Reflexe wieder ein. Das Bild im Spiegel war nicht er selbst! *Es war jemand anderer!*

Jim und das Gesicht im Spiegel schrien gleichzeitig los. Jims Panik verwandelte seinen Schrei in einen Ton, der nicht lauter war als ein Flüstern.

Niemals in der Geschichte der Luftfahrt hat irgendein Mensch eine Flugzeugtoilette so schnell verlassen! Innerhalb eines Sekundenbruchteils war Jim aus der Tür und warf sie hinter sich zu.

Gwen, die gerade ein neues Video eingelegt hatte, sah Jims hektische Flucht aus der Toilette, die stark an einen Comicstrip erinnerte. Jim stand zitternd vor der geschlossenen Türe und hielt sie mit aller Kraft zu, als müßte er ein Monster aus einem drittklassigen Horrorfilm am Herauskommen hindern. Seine Knie zitterten wie Espenlaub, und er wußte, daß seine Beine bei der geringsten Berührung nachgeben würden wie Porzellan auf einem Marmorboden.

Wie ein Tonband im schnellen Vorlauf platzte Jim heraus: »Die ist kaputt! Gehen Sie da nicht hinein! Lassen Sie *niemanden* da hinein!« Jim sah aus, als hätte er einen Geist gesehen. Er schluckte und sah Gwen trostsuchend an.

»No Pro-blem-o!« sagte Gwen gelassen auf pseudo-Spanisch. Ihre ruhige Stimme gab Jim das Gefühl, nicht völlig verrückt zu sein. »Ich werde ein Schild anbringen.«

Für Jim hörte sich das nach einer großartigen Idee an, und er bemerkte gar nicht, wie fest er die Münze in seiner Faust umklammerte.

Gwen meinte: »Bitte, nehmen Sie diese. *Die* funktioniert«, und sie deutete auf die zweite Toilette. Mit dieser Antwort hatte er nicht gerechnet.

Im ersten Reflex wollte er sagen: »Nur über meine Leiche! Nada. Njet. *Nein.* Für *kein Geld* der Welt würde ich jemals wieder da reingehen!« Doch irgend etwas zog ihn geradezu magisch in den kleinen Raum.

Widerstrebend öffnete er die Türe der anderen Toilette im Zeitlupentempo und schlüpfte hinein. Sein Herz klopfte so laut, daß er meinte, jeder im Flugzeug müßte es hören.

Da stand er also wieder, vor dem Bild, dem er scheinbar nicht entfliehen konnte.

Der Kontakt

Jim schloß die Tür und sperrte sich in der Flugzeugtoilette ein. »Wer *bist* Du?« stieß er hervor, als er sich sicher war, daß das nicht sein Spiegelbild sein konnte. Er wußte nun, daß es dasselbe Gesicht war, das ihm zuvor im Fenster entgegengesehen hatte. In seinem Schock war es Jims einziger Trost, daß sein Gegenüber genauso überrascht und erschrocken schien wie er.

Im Hintergrund des »Spiegelbildes« konnte Jim eine Wiese erkennen, die inmitten von mächtigen, alten Bäumen eingebettet war. Einige genüßlich grasende Pferde waren zu sehen. Auf einem anderen Teil der Wiese hatte sich eine kleine Gruppe von Menschen rund um ein Feuer versammelt. Die ganze Szenerie wirkte ruhig und friedlich und stand in starkem Kontrast zu den angespannten Gesichtszügen des Mannes im Spiegel.

Jim konnte das Zirpen der Grillen hören und das leise Rauschen des Windes. Es war nicht zu erkennen, ob es früh am Morgen war, oder ob schon der Abend dämmerte. Das zarte Licht von Glühwürmchen erhellte die distinguierten Gesichtszüge des Mannes. Das Bild war so klar und real, daß Jim versucht war, durch den Spiegel zu greifen. Doch seine Arme und Beine waren vom Schock wie gelähmt.

Der Mann hatte ein gütiges Gesicht. Doch seine Augen schienen traurig und müde, so als ob er an einem Punkt in seinem Leben angelangt wäre, an dem er alles verloren hatte, was ihm teuer war. Diese Augen erinnerten Jim an jene Kollegen, die Rationalisierungsmaßnahmen zum Opfer gefallen waren. Sie erinnerten Jim an andere Führungskräfte, deren Projekte gescheitert waren. Sie erinnerten Jim daran, wie er sich gefühlt hatte, als ihn seine Frau um die Scheidung gebeten hatte. Es war ein Ausdruck, den Jim nur zu gut kannte. In dem Gesicht des Mannes war tiefe Trauer, die keiner Worte der Erklärung bedurfte.

Der Gehilfe, der den Bart des Mannes gestutzt hatte, wurde weggeschickt. Nachdem er sich ein Stück entfernt hatte, antwortete der Mann endlich auf Jims Frage: »Mein Name ist Artus ... *König* Artus.« Mit diesen Worten hob er seine Krone auf und setzte sie mit königlicher Würde auf sein Haupt.

Jim war überrascht über die Schlichtheit der Krone. Sie war nicht übersät mit Diamanten und wertvollen Steinen, wie die, die er am Wochenende im Tower von London gesehen hatte. Artus' Krone war nicht mit Samt verbrämt, um den Glanz der Edelsteine hervorzuheben. Im Gegenteil. König Artus' Krone war von exquisiter Schlichtheit. Tatsächlich sah sie genau so aus wie die Abbildung auf der Münze.

»König Artus! ... *von Camelot?*« stammelte Jim. Er sagte zu sich: »*König Artus!* Unmöglich! König Artus lebte angeblich vor vielen hundert Jahren – falls es ihn überhaupt je gab! Wie kann ich mit jemandem sprechen, der längst tot oder bloß eine Legende ist?«

Da richtete sich Artus auf, und seine Brust schwoll vor Stolz. »Natürlich ... *Camelot*!« antwortete der mächtige König und dachte an den Glanz und die Größe Camelots, das er geschaffen hatte. Das Lächeln auf Artus' Gesicht glühte wie das Licht der Sonne und strahlte mit der ganzen Wärme seines Herzens. Seine Gedanken in diesem Augenblick hatten große Bedeutung für ihn, genauso wie für all die anderen, die sich an Camelots Wärme labten.

Es war ein phantastischer Moment, und Jim war von Ehrfurcht ergriffen. Obwohl sie nur ein paar Worte ausgetauscht hatten, konnte Jim die Tiefe des Charakters und der Überzeugung dieses Mannes spüren. Plötzlich fühlte er sich beinahe überwältigt von einem Gefühl des Friedens und der Güte. Ganz so, wie er als Kind empfunden hatte, als er den Geschichten von König Artus und der Tafelrunde lauschte.

Dann sagte Jim: »Aber *natürlich*! König Artus und die Ritter der Tafelrunde sind eine Legende, die auf der ganzen Welt bekannt ist! Das war schon immer meine Lieblingssage, schon als ich noch ein Kind war. Und die meiner Brüder, Schwestern, Cousinen und Freunde auch. Schriftsteller haben Eure tapferen Taten über mehr als tausend Jahre am Leben erhalten!«

Als Artus diese Worte vernahm, war sein Herz *von Freude erfüllt*. Er warf die Falten seines Umhanges zurück und rief ungläubig: »Man kennt meine Geschichte *auf der ganzen Welt*?«

Die Tränen, die ihm nun in die Augen traten, ließen sie glänzen. Die Trauer von zuvor war verschwunden und einer reinen, kindlichen Freude gewichen! Artus' ganzes Leben, jeder Atemzug, war seinem Traum gewidmet – Camelot. Wie jeder andere große Herrscher auch, wollte er diesen Traum für die Ewigkeit bewahren. Er wünschte nichts mehr, als daß das Wunder von Camelot und der Ritter der Tafelrunde auf der ganzen Welt bekannt würde. Und nun wußte er, daß es so geschehen war.

Artus' innerlicher Freudentanz stoppte so abrupt wie eine Kugel, die in eine Wand schlägt. »Hast Du *eintausend* Jahre gesagt?« Nach einem Moment des Schweigens, der wie eine Ewigkeit schien, quetschte er heraus: »Von welchem Jahr sprichst Du, mein Freund?«

Jim versuchte zu antworten, aber die Worte wollten fast nicht über seine Lippen kommen: »Wir nähern uns dem *Jahr 2000*, Eure Majestät!«

»Das Jahr *2000*? Du lebst im Jahr *2000*? Wie kann das sein?« rief Artus mit erregter Stimme. Dann schien plötzlich auch der König sprachlos zu sein. Mit allerletzter Kraft, ein Wort nach dem anderen artikulierend, rang er sich schließlich einen einzigen Satz ab: »Ich ... befinde ... mich ... im ... Jahr ... 597!«

Artus und Jim standen wie gelähmt, als ihnen dämmerte, daß sie irgendwie quer durch Raum und Zeit miteinander verbunden sein mußten. In diesem Augenblick spiegelten ihre Gesichter eine ganze Palette von Gefühlen auf einmal wider. Ihren Unglauben und ihren Glauben. Ihre Angst und ihre Erregung. Ihre Verwirrung und ihr Staunen.

Artus kämpfte sich durch den nächsten Satz: »Kann es sein, daß wir *1400 Jahre* überbrückt haben?« Seine Worte waren kaum mehr als ein Flüstern. Der Gedanke an eine Zukunft so fern seiner Zeit raubte ihm den Atem.

Jim war nicht weniger bewegt, und so war es eigentlich ganz gut, daß er sein eigenes Spiegelbild nicht sehen konnte, denn in seinem tiefen Schock stand sein Mund weit offen. Jim dachte: »Bei der Arbeit überspringe ich Zeitzonen mit Videokonferenz-Technologie. Ich habe Zeitzonen mit E-Mails und Voice-Mail eliminiert. Aber ist es möglich, daß ich hier durch irgendein Zeitloch getreten bin? Ich spreche mit einer königlichen Legende!«

»1400 Jahre!« wiederholte Jim laut, seine Stimme mechanisch wie die eines Roboters.

Nach einem Moment der Stille erklang Artus' Stimme, die wegen der Aufregung eine Oktave höher gerutscht war. Wie ein Kind, das eine wichtige Entdeckung gemacht hatte, sagte er: »Merlin *muß* hinter all dem stecken.«

Dann rief er – in seinem natürlichen Baß – zum Himmel. Seine Worte sollten so laut sein, daß auch sein treuer Freund und Mentor sie hören würde: »Oh Merlin, Dank sei Dir. Welch wunderbare Erfahrungen Du mir doch immer wieder schenkst!«

Artus blickte direkt in Jims Augen. Der König war plötzlich gepackt von Neugier über sein Vermächtnis. Hier stand ein Mann vor ihm, der alles über die Dinge wußte, die ihn überlebt hatten. Jemand, der ihm alles über seine Zukunft erzählen konnte. Begierig nach Antworten begann Artus zu fragen: »Was weißt Du über Camelot, mein Freund? Was hat die Jahrhunderte überdauert?«

Jim antwortete: »Es gibt so viel zu erzählen, Eure Majestät. Fast jeder kennt Eure Geschichte und auch die von Sir Lancelot und Ginevra. Auch ich weiß von der sagenhaften Tafelrunde, dem Schwert Excalibur und Camelot selbst.

Es ist schon viele Jahre her, daß ich die Geschichte gelesen habe, und ich kann mich deshalb nicht an alle Details erinnern. Ich weiß, daß Ihr ein außergewöhnlicher König gewesen seid. Es ist Euch gelungen, die Ritter aus ganz England dazu zu bringen, Krieg gegen Frieden einzutauschen. Trotz weiter Distanzen und Englands kriegerischer Geschichte, habt Ihr sie vereinigt und etwas Wundervolles geschaffen.«

Artus war sich nicht des Leuchtens in seinen Augen bewußt, als ihn das Gefühl großer Erleichterung überkam. »Du weißt von all diesen Dingen! So viel von meiner Welt hat 1400 Jahre überlebt!« rief er begeistert, als er sich setzte. Die Reflexion im Spiegel zeigte zwei lächelnde Männer. Ihr Lächeln wirkte wie ein Magnet, der sie quer durch Raum und Zeit näher aneinander zog.

Eine Million Fragen hatten sich in Artus' Kopf angesammelt. Nun begannen sie alle auf einmal aus seinem Mund zu sprudeln: »Hast Du Camelot in Deiner Zeit besucht, mein Freund? Wie sieht es aus? Hast Du das Schwert Excalibur berührt? Wer ist mein Nachfolger? Macht er alles zunichte, was ein Menschenleben brauchte, um errichtet zu werden?«

Artus hätte noch viele weitere Fragen gestellt, aber der Ausdruck in Jims Gesicht ließ ihn innehalten. Artus' Fragen trafen diesen wie Messerstiche. Mit jeder weiteren Frage wurde sein Gesicht trauriger und trauriger.

Wie sollte er Artus beibringen, daß es keine Spur von Camelot mehr gab und viele große Historiker bezweifelten, daß der sagenhafte König Artus je existiert hatte. Daß das Schwert Excalibur nicht unter den königlichen Schätzen im Tower von London war.

Die Intensität im Blick des Königs machte Jim allerdings klar, daß eine sofortige Antwort unumgänglich war. Er sah sich gezwungen, seinem königlichen Freund die Wahrheit zu sagen. Und das tat er auch.

Der Frohsinn, der Artus beseelt hatte, verschwand, und Trauer trat wieder an seine Stelle. Wie konnte es sein, daß seine Regentschaft und sein herrliches Camelot nicht historisch belegt waren? Wie konnte es sein, daß Camelot, so lebendig und bedeutend zu seiner Zeit, spurlos verschwunden war.

Artus setzte sich. Sein Kopf und seine Schultern sanken herab. Sein Gesicht spiegelte den Schock dieser unerwarteten Nachricht wider. König Artus sollte als Fabelwesen in die Geschichte eingehen und nicht als einer der größten Regenten in der Geschichte Englands. In der Zukunft würde man nicht einmal anerkennen, daß er auf dieser Erde gelebt hatte. Dieses Wissen war vernichtend für Artus.

»Warum lehrt uns das Leben so viele Lektionen auf so grausame Weise?« murmelte der König so leise, daß es kaum zu vernehmen war.

Nach einer langen Pause sprach Artus endlich: »Ich bin überwältigt von diesen Nachrichten, mein Freund. Ich bin alt geworden. Ich habe ein erfülltes Leben geführt, und ich habe so viele Lektionen gelernt. Aber zu wissen, daß Camelot im Jahr 2000 nicht mehr existieren wird, ist kaum zu ertragen.

Ich stehe hier auf dem Schlachtfeld vor meiner Burg. Während ich auf der Jagd war, haben Rebellen meine Burg eingenommen, meine Gemahlin eingekerkert und meinen Freund Lancelot verjagt. Ich und meine treuen Ritter beratschlagen gerade, was zu tun ist, um das Reich zurückzuerobern.

Deine Nachrichten könnten eine Antwort bedeuten, die ich nur ungern vernehme. Wenn die Geschichte uns nicht kennt, werden ich und Camelot diese Schlacht vielleicht nicht überleben.«

Beide Männer verharrten in Stille. Jim suchte fieberhaft nach Worten, um den König zu beruhigen. Es war genauso vergeblich wie Worte des Trostes für seinen besten Freund zu finden, dessen Mutter erst vor kurzem nach langer Krankheit verstorben war. Jim zweifelte, ob man jemals Worte finden konnte, die im Moment eines solchen Verlustes tröstlich waren.

Da brach Artus plötzlich selbst die Stille: »Merlin hat mich gelehrt, daß nichts ohne Grund geschieht, mein Freund. Ich verstehe nicht, wie wir die Jahrhunderte überbrücken konnten, aber ich weiß, daß dies eine Gelegenheit ist, die wir erkunden und nützen müssen.«

Dann brachen aus Artus drei Fragen heraus: »Sprich mein Freund, wie ist Dein Name? Bist Du ein König oder ein Ritter im Jahr 2000? Was ist das für ein seltsamer Ort, an dem Du weilst?«

Jim hatte keine Ahnung, wie er erklären sollte, daß er sich in der Toilette eines Flugzeuges befand, das 11.000 Kilometer über dem Atlantik flog! Für eine Sekunde hoffte er, daß er nicht gerade einem Streich von *Versteckte Kamera* aufsaß.

Er erklärte: »Der erste Teil Eurer Frage wird um einiges leichter zu beantworten sein als der zweite ... Eure Majestät.«

Jim wußte, daß er im Begriff war, sein königliches Gegenüber zu schockieren und zu verwirren. Trotzdem begann er, die Fragen, so kurz wie möglich, zu beantworten. »Mein Name ist Jim, Sir. Ich bin weder ein König noch ein Ritter. Ich bin der Leiter einer Projektgruppe, die rund um die Welt tätig ist.«

»*Rund* um die Welt? Du meinst, die Welt ist rund – nicht flach!» sagte Artus, der bei diesem Gedanken lachen mußte. »Was ist eine Projektgruppe, die rund um die Welt tätig ist?«

»Projektgruppe nennt man eine Gruppe von Leuten, die zusammenarbeiten, um ein Produkt zu entwickeln oder eine Leistung zu erbringen. Ich bin der Leiter dieser Gruppe, aber die Leute, die mit mir arbeiten, sind meist an ganz anderen Orten und weit von mir entfernt. Obwohl wir räumlich getrennt voneinander arbeiten, müssen wir dennoch als Team agieren, um jene Resultate zu erzielen, die wir anstreben.«

Der Blick in Artus' Gesicht verriet Jim, daß diese Erklärung wohl kaum ausreichen würde. Artus sagte: »Du bist also ein Händler?«

Jim versuchte, sich verständlicher auszudrücken, indem er sich auf Dinge bezog, die mehr der Erfahrung von Artus entsprachen: »Nun, Eure Majestät, nicht ganz. Eigentlich ist meine Arbeit der Euren sehr ähnlich. Als König seid Ihr ein Anführer. Die Ritter sind Euer Team. Euer Projekt ist Camelot.

Eure Ritter lebten und arbeiteten meist weit entfernt von Euch. Und doch, trotz der großen Distanzen, habt Ihr sie vereint, um Camelot zu erschaffen. Auch ich versuche meine Mitarbeiter zusammenzubringen, um ein Camelot meiner Zeit zu schaffen.«

Mit dieser neuen Erklärung konnte Artus schon viel mehr anfangen. »Ah! Nun verstehe ich, Jim. So erzähle mir doch von Deinen Fortschritten. Hast Du schon Dein Camelot geschaffen?« forschte Artus, der begierig auf gute Nachrichten wartete.

»Eigentlich stehe ich noch ganz am Anfang meines Camelots, Eure Majestät. Ich habe zwar schon einige andere Projekte geleitet, aber bei denen haben wir alle an einem Ort gearbeitet. Ich dachte, Leute zu führen, die weit von mir entfernt sind, würde nicht anders sein. Aber es macht einen gewaltigen Unterschied, und erst jetzt beginne ich die Probleme zu erkennen.

Es ist sehr schwierig, ein Projekt zu leiten, wenn die Mitarbeiter die meiste Zeit außer Reichweite sind. Außerdem ist heutzutage der Erfolgsdruck so groß, daß ich ein Scheitern nicht riskieren kann. Ich weiß nicht, wie ich dieses Projekt erfolgreich zum Abschluß bringen soll«, erklärte Jim und sprach damit seine größte Sorge aus.

Artus' Gehirn verarbeitete diese Information mit der Geschwindigkeit eines Computers. Nach einem kurzen Moment brach es aus Artus heraus: »Das ist es! Das ist die Verbindung! Ich weiß, wie man aus der Entfernung führen kann! Von *mir* kannst Du es lernen!«

Artus' Erregung über diese Herausforderung wuchs mit jeder Sekunde. Er setzte fort: »Sogar jetzt, in dieser dunklen Stunde, birgt mein Leben die Möglichkeit für Wachstum und Weiterentwicklung. Wir beide können aus meinen Erfolgen und Fehlern als Anführer über große Entfernungen lernen. Ich kann Dir helfen, genauso wie Merlin mir geholfen hat.

Als Gegenleistung für meine Hilfe möchte ich Dich auch um einen Gefallen bitten, Jim. Ich weiß noch nicht, was das für ein Gefallen sein wird, aber ich weiß, daß ich Dich darum bitten werde. Klingt das akzeptabel für Dich?«

Endlich ergab das alles einen Sinn, und Jim konnte es kaum erwarten zu beginnen. Er sagte: »Ja! Das tut es, Eure Majestät! Wir werden eine Partnerschaft eingehen, die uns beiden quer durch die Zeiten helfen wird. Ich kann Euch helfen und Ihr mir!«
Plötzlich wurde ihre Unterhaltung durch ein Klopfen an die Tür der Toilette unterbrochen. Ein aufgebrachter Fluggast rief durch die Tür: »He Kumpel, bist Du da drinnen gestorben? Die andere Toilette ist außer Betrieb, und hier warten schon fünf Mann!«

Jim dachte: »Nein, ich bin wahrlich nicht gestorben. Ich habe gerade erst zu leben begonnen!« Dann sagte er zu dem Mann vor der Tür: »Tut mir leid, es wird noch ein paar Minuten dauern.«

Jim blickte Artus an und sagte: »Eure Majestät, könnt Ihr Euch erinnern, was Ihr gerade getan habt, bevor die Verbindung zwischen uns hergestellt wurde?«

»Ich ließ meinen Bart stutzen und hielt eine alte Münze, die Merlin mir gegeben hat, als ich ein Kind war«, antwortete der König. Artus hielt die Münze hoch, so daß Jim sie sehen konnte.

Sogar in dem schwachen Licht konnte Jim deutlich den gerippten Rand der Münze erkennen. Die Münze sah genauso aus wie die, die Jim im Telephon am Flughafen gefunden hatte. Es war verblüffend. Einfach verblüffend. »Ich hielt diese Münze in der Hand. Als ich dann in den Spiegel blickte, war es nicht mein Gesicht, das ich sah und auch nicht das von Merlin. Es war Deines! Was hast Du gerade getan, mein Freund?«

»Ich strich mit dem Daumen über die Oberfläche dieser alten Münze«, sagte Jim und öffnete die Finger seiner schweißnassen Hand, um Artus die Münze zu zeigen.

Artus sagte: »Aber die sieht ja genauso aus wie meine! Diese Münze besitzt magische Kräfte. Nicht immer, wenn ich mit Merlin sprechen wollte, konnte ich mich zu dem großen Baum im

Wald begeben, wo er mich als Kind unterrichtet hatte. Wenn ich trotzdem mit jemandem sprechen mußte oder es einen Notfall gab, strich ich mit meinem Daumen von links nach rechts über das Wort *Excalibur* und hielt die Münze dabei in meiner Hand. Dann suchte ich eine glänzende Fläche, die ein Bild reflektierte, so wie ein Spiegel oder ein Teich. Solange ich die Münze hielt, konnten wir miteinander sprechen«, antwortete Artus.

»*Excalibur!*« sagte Jim zu sich. Plötzlich erinnerte er sich an die Buchstaben auf der alten Münze. Jim brauchte nicht länger nachzudenken, um zu verstehen, welche die fehlenden Buchstaben waren. »Das ist das Wort auf der Münze – *Excalibur!*« rief er mit einer Freude, als hätte er gerade eine Runde beim *Glücksrad* gewonnen.

Artus war seine Überraschung über Jims Gefühlsausbruch deutlich anzusehen. Dieser versuchte zu erklären: »Die Buchstaben auf meiner Münze sind beinahe unleserlich, Eure Majestät. Bis jetzt wußte ich nicht, daß sie das Wort Excalibur bedeuten.«

Plötzlich erklang die Stimme des Piloten aus dem Flugzeuglautsprecher und kündigte Turbulenzen an. Der Pilot würde auf eine größere Flughöhe gehen, um dem Sturm auszuweichen. Alle Passagiere sollten unverzüglich zu ihren Sitzen zurückkehren und ihre Sicherheitsgurte anlegen.

Artus vernahm diese Ankündigung, verstand aber ihre Bedeutung nicht. »Turbulenzen? Eine größere Flughöhe? Sicherheitsgurte? Es gibt vieles, was ich von Dir lernen muß, mein Freund«, rief Artus.

»Und ich von Euch, Eure Majestät. Könnten wir vielleicht unser Gespräch morgen um dieselbe Zeit fortsetzen?«

»Einverstanden. Ich werde morgen zur selben Zeit am selben Ort sein – außer die Schlacht dauert noch an. Ich freue mich schon sehr darauf, mein Freund.«

Die zwei Männer verabschiedeten sich. Jim kehrte zu seinem Platz zurück, dabei war er sich nicht des Lächelns auf seinem Gesicht bewußt, sehr wohl aber des Lächelns in seinem Herzen.

Excalibur

Jims Stimmung entsprach dem herrlich leuchtenden Gelb, Rot und Orange der Herbstblätter vor seinem Wohnzimmerfenster. Es war früher Nachmittag, und Jim war gerade vom Flughafen zurückgekehrt. Er genoß noch immer das Hoch, in das ihn die Bekanntschaft mit König Artus versetzt hatte. Gleichzeitig schmerzte sein ganzer Körper von den Strapazen der langen Reise von London nach Atlanta.

Er war ungeduldig wie ein kleines Kind und konnte kaum die Abendstunden abwarten, wenn er wieder mit Artus sprechen würde. Es gab Tausende Fragen, die er seinem königlichen Mentor stellen wollte. Er wollte sie alle *sofort* stellen, und die Zeit bis zum Abend schien wie eine Ewigkeit.

Jim nahm seine Uhr ab und legte sie auf das Tischchen neben dem Sofa. Es folgten seine Brieftasche und die kleine Börse mit Münzen, die mit ihm von Europa nach Amerika gereist waren. Unter ihnen war auch die Zaubermünze, die ihn mit Artus verbunden hatte.

Er nahm die Münze in die Hand und betrachtete sie, so wie er es schon wiederholt an diesem Tag getan hatte. Er ging zu dem großen Fenster auf der Westseite des Raumes und erfreute sich an der Reflektion der Sonnenstrahlen auf der Münze.

Während er aus dem Fenster blickte, erlebte Jim einen kurzen Moment der Angst. »Was, wenn die Münze heute abend nicht funktioniert? Was, wenn all das nur ein Traum ist?«

Um sich zu beruhigen, beschloß Jim das Prozedere der Kontaktaufnahme zu seinem neuen Freund zu üben. Er hielt die Münze mit der Excalibur-Seite nach oben und strich mit seinem Daumen darüber. Das gleißende Licht überraschte ihn diesmal nicht mehr. Statt dessen gab es ihm ein Gefühl der Sicherheit. Er wußte, was er tun mußte, um mit seinem Freund heute abend Kontakt aufzunehmen.

»Großartig! Es hat funktioniert!« rief Jim. Er rechnete nicht damit, schon jetzt mit Artus verbunden zu werden. Die Zeit war noch nicht gekommen. Doch als Jim sich vom Fenster abwandte, um die Münze auf das Tischchen zu legen, war da schon Artus und blickte ihn aus dem großen Wandspiegel an.

Beide Männer fingen augenblicklich zu lachen an. Es war offensichtlich, daß keiner von ihnen die Abendstunden hatte erwarten können.

»Ich war so begierig, wieder mit Euch zu sprechen, mein König!« gestand Jim, der immer noch lachte. »Es gibt so vieles, was ich Euch fragen möchte. Ich hatte befürchtet, die Münze würde nicht funktionieren. Mit jemandem wie Euch zu sprechen ist wie ein Gespräch mit Sokrates oder Platon. Der Abend schien noch so weit entfernt.«

Artus hatte seine schwere Rüstung angelegt. Mit der rechten Hand umschloß er die magische Münze. Mit der linken hielt er das Schwert Excalibur. Die Spitze des Schwertes hatte er vor sich in den Boden gebohrt. »Mir ging es nicht anders, mein Freund«, sagte Artus, der ebenfalls sein Lachen nicht verbergen konnte.

Eine Zeitlang plauderten sie über alles mögliche. Beide waren so voller Neugier über den anderen, daß sie einander fast eine Stunde so gegenüber standen. Sie sprachen über die Unterschiede in ihrer Kleidung und ihrer Umgebung. *Sie sprachen sogar über Sport.*

Auf eine Frage von Artus verließ Jim kurz den Raum und kehrte mit einem Globus zurück, um dem König die Welt zu zeigen. Dieser war höchst erstaunt über die große blaue Kugel. Er sagte: »Die Erde ist viel schöner als ich es mir je hätte vorstellen können! Ich wünschte, ich könnte mich in die Lüfte erheben wie ein Adler, um die ganze Welt zu erforschen.« Nun schien der Moment gekommen, um Artus von Flugzeugen, Satelliten und Raumschiffen zu erzählen.

Die Neugier des Königs in bezug auf das Jahr 2000 schien unersättlich. Er fragte Jim, was das für eine seltsame Kiste sei, die da auf der anderen Seite des Raumes stand. Die seltsame Kiste war ein Fernsehapparat. Jim nahm die Fernbedienung und zeigte Artus, wie dieser funktionierte. Der König war wie gebannt von CNN, dem Kinokanal und *Jeopardy*!

»Das ist wie eintausend Theaterbühnen auf einmal! Oh, wieviel einfacher wäre es zu herrschen, wenn wir ein Werkzeug wie das Fernsehen im Jahre 597 hätten!«

Unbewußt verlagerte Artus sein Gewicht. Gleichzeitig bewegte er das Schwert Excalibur von der linken Hand zur rechten. Das Schwert blitzte, als es den hellen Lichtstrahl des offenen Feuers auffing, das Artus in der frostigen Nacht wärmte. Jim sagte: »Eure Hoheit! Ist das das Schwert Excalibur?«

»Ja, *das* ist Excalibur«, sagte Artus und verlagerte sein Gewicht schnell wieder auf beide Füße. Er hob das Schwert, so daß es waagrecht auf seinen ausgestreckten Händen ruhte, um Jim einen besseren Blick zu gestatten.

Jim betrachtete das Schwert, fasziniert von seiner edlen Schlichtheit. Die Klinge glänzte wie ein Spiegel. Verschlungene Motive schmückten die gesamte Länge der Klinge. Das Feuer in Artus' Welt verschärfte noch den Kontrast zwischen den glänzenden und den stumpfen Flächen auf der Klinge. Dieser Kontrast erlaubte es Jim, die Schönheit der Gravuren deutlich zu erkennen. Das komplexe Muster erinnerte ihn an sein eigenes Schwert, das er als US-Marineoffizier getragen hatte. Aber Artus' Schwert war noch viel eindrucksvoller – und es wirkte um einiges schwerer.

Griff und Heft schienen aus strahlend glänzendem Gold gemacht. Auch sie waren mit einem Muster verziert. Der Griff hatte ein tiefes Zickzackmuster, das ein Abrutschen der Hand verhinderte. Jedes einzelne Element des Musters war in der Form von Diamanten geschnitten, die das Licht des Feuers wie ein Prisma reflektierten. Die horizontale Linie des Hefts bildete mit dem Griff ein goldenes V. Excalibur hatte keine Juwelen, und es brauchte auch keine.

»Eure Hoheit, Excalibur ist ein essentieller Bestandteil der Legende Eurer Regentschaft. Bitte erzählt mir von Excalibur. Erzählt mir von seiner magischen Kraft.« Jim erinnerte sich an Teile der Sage, aber er wollte in Artus' eigenen Worten hören, was wirklich passiert war.

Artus wußte, daß das Schwert Excalibur nicht so leicht zu erklären sein würde und schlug deshalb vor, daß er und Jim sich setzen sollten. Das taten sie dann auch.

Artus legte das Schwert vor sich auf den Boden und sagte: »In meiner Jugendzeit lag ganz England im Chaos. Fast ein Jahrhundert lang wurde England von zahlreichen Königen regiert. Die ersten drei dieser Könige hatten kein größeres Interesse, als die Güter derjenigen auszuplündern, die in diesem großartigen Land weilten. Am Ende wurden alle drei getötet.

Der vierte König war ein guter König – zumindest für die Leute, die in der königlichen Burg lebten. Außerhalb der Burgmauern gelang es ihm allerdings nicht, etwas Großes zu schaffen und sich einen Namen in der Geschichte zu machen.

Der vierte König konnte die Ritter außerhalb seiner Burg nicht dazu bringen, ihn als Anführer zu akzeptieren. Die Mauern der Ritterburgen waren auch die Mauern ihres Denkens. Die Gedanken waren eingeschränkt und begrenzt von dicken, undurchdringlichen Steinmauern. Und gleichgültig wie sehr er es auch versuchte, konnte der vierte König diese Barrieren nicht durchbrechen und die Menschen in diesen Burgen dazu bringen, ihm zu folgen.

Auch der vierte König wurde erschlagen von denen, die er nicht als Anhänger gewinnen konnte. Unglücklicherweise war er jedoch der letzte in der Linie der Thronfolger. Kurz bevor er sein Leben aushauchte, half ihm jedoch eine mächtige Fee, Excalibur in einen Felsen zu stoßen. Sodann belegte sie das Schwert mit einem Zauber. Dieser Zauber fesselte das mächtige Schwert an den Felsen, bis ein großer Führer, der die Menschen vereinen würde, es herauszog.

Fünf Jahre lang hatte England keinen König, und der Thron blieb leer. Ohne Regenten hatte England nur einen Herrscher: das Chaos. Die Ritter bekämpften einander in blutigen Schlachten um Besitztümer und Macht. Es spielte keine Rolle, daß die Bürger Englands auf einer Insel lebten. Ohne Anführer war jeder Ritter nur auf seinen Vorteil bedacht.«

Die Parallelen zwischen Artus' Schilderungen und Jims Projektgruppe waren erschreckend groß. All seine Mitarbeiter sollten eigentlich zusammenarbeiten, um ein gemeinsames Ziel zu erreichen. Aber sie arbeiteten nicht zusammen, sondern trafen die meisten Entscheidungen auf Grund von »lokalen« Prioritäten. Jim konnte sich sogar erinnern, selbst so gehandelt zu haben. Irgendwie ist »lokal« eben viel greifbarer als »global«.

Artus fuhr fort: »Da Land, Leibeigene und andere Mittel begrenzt waren, bedeutete der Gewinn eines Ritters immer Verlust für einen anderen. Die einzige Welt, die für sie Bedeutung hatte, war die, die sie jeden Tag sahen. Das einzige Vertrauen, das sie hatten, war das Vertrauen, die sichere Gewißheit, daß jemand sie töten würde, wenn sie ihre Deckung herunterließen.«

Und wieder war die Parallele erstaunlich. Erst am Vortag hatte Jim einen Anruf von Nicole bekommen, die zum Denver-Team gehörte. Nicole war bei einer Entscheidung übergangen worden. Sie war beinahe panisch wegen der vermeintlichen Bedeutung dieses Vorfalles. Sie sagte: »Bedeutet das, wir sollten uns alle nach anderen Jobs umschauen? Wie konnten Sie nur eine solche Entscheidung treffen, ohne vorher mit uns darüber zu sprechen?«

Jim hatte Nicole nicht absichtlich übergangen. Die Entscheidung hatte unverzüglich getroffen werden müssen. Jim hatte sie angerufen, aber sie war nicht an ihrem Schreibtisch gewesen. In all der Hektik hatte er keine Nachricht hinterlassen. Er war gezwungen gewesen, sofort zu handeln, aber es war schwer, sie davon zu überzeugen. Später beschuldigte sie ihn, Machtspiele zu treiben, und sagte, es sei das dritte Mal gewesen, daß so etwas passiert sei. Außerdem wurde sie immer unwilliger, Informationen weiterzugeben – nicht nur an Jim, sondern an jeden im Team. Es gab einen deutlichen Unterton im Unternehmen und im Team, der besagte: *Den Letzten beißen die Hunde*.

Artus fuhr fort: »Jahrzehntelang taten meine Vorgänger kaum etwas, um diese triste Situation zu verbessern. Als ich zehn Jahre alt war, hatte der Krieg eine gewaltige Spur der Zerstörung hinterlassen, die so verheerend war, daß das ganze Land in Finsternis und Armut fiel. Das war das England meiner Jugend.«

Jim war betroffen von dem düsteren Bild, das Artus gemalt hatte. Nicht nur wegen Artus, sondern auch seiner selbst wegen. Jims Firma war in den letzten zwei Jahren dreimal verkleinert worden. Die Gewinne waren am Boden. Es kursierten Gerüchte, daß weitere Kürzungen bevorstanden. Wenn sich in Jims Team nicht bald eine Besserung einstellte, würde diese Talfahrt unaufhaltsam weitergehen.

»Dies scheinen sehr dunkle Jahre gewesen zu sein, Majestät«, meinte Jim.

Artus antwortete: »Ja, das waren sie wirklich. Ganz England wartete auf den Moment des Lichts, wenn der große Anführer kommen, die Menschen vereinen und aus der Finsternis führen würde. Damals wußte ich noch nichts von meinem Schicksal. Ich wußte nicht, daß Merlin mich auf den Königsthron vorbereitete.

Später, als ich ein Knappe war, mußte ich ein Schwert für einen der Ritter holen, der einen Zweikampf austragen wollte. Als ich das Schwert des Ritters nicht finden konnte, versuchte ich ein anderes aufzutreiben. Ich sah ein Schwert, das aus einem Felsen ragte, aber wußte nicht, daß es Excalibur war. Ich war genauso überrascht wie alle anderen, als das Schwert mühelos aus dem harten Stein glitt, der es so viele Jahre festgehalten hatte.«

»Und dann, Eure Majestät, verlieh Euch das Schwert auf magische Weise jene Macht, die Ihr brauchtet, um zu führen?« fragte Jim.

»Excalibur gab mir das *Recht* zu führen. Ab diesem Zeitpunkt war ich, Artus, Augenblicke zuvor noch ein Knappe, plötzlich König von England! Mit Sicherheit lag große Macht in meinem neuen Rang. Als ich dastand, mit dem Schwert in der Hand, begannen die Ritter rund um mich sich zu verneigen. Ich wollte nicht, daß Ritter sich vor mir verneigen. Ich wollte keine Gefolgschaft, die blind tat, was ich ihr befahl, und mich tötete, wenn ich ihr den Rücken zuwandte. *Die Macht eines Königs bedeutet nichts, wenn er es nicht schafft, daß alle ihm aus freien Stücken folgen.*

Excalibur verlieh mir eine andere Art der Macht – tödliche Macht. Excalibur war eine Waffe und konnte als solche verwendet werden. Wenn die Ritter nicht das taten, was ich ihnen befahl, konnte ich sie damit töten. Ich konnte sie damit bedrohen und die Klinge in ihre Kehlen rammen. Aber ich wollte auch diese Art der Macht nicht einsetzen. Unser Volk hatte zu lange unter der Macht des Schwertes gelitten. Ein Jahrhundert dieser Macht hatte uns nicht weiter gebracht.

Also, um Deine Frage zu beantworten, Jim – zuerst wußte ich nicht, wie die Macht des Schwertes mir helfen würde. Dieses Schwert konnte mich zu einem großen König machen, doch ich hatte keine Ahnung wie ich diesen Prozeß beginnen sollte.

Später in dieser Nacht schlich ich mich aus dem Lager und ritt so schnell ich konnte zu jenem Baum in den Wäldern, unter dem Merlin mich meine wichtigsten Lektionen gelehrt hatte. Ich fragte ihn, wie Excalibur mir helfen sollte zu führen. Worauf sollte ich mich konzentrieren, um die Menschen im ganzen Land zu vereinen? Was würde ich bedenken müssen, um beim Führen meiner Untertanen über große Entfernungen hinweg erfolgreich zu sein.«

»Was hat er gesagt?« fragte Jim, der auf die Antwort brannte.

»Mit seiner tiefen, klingenden Stimme befahl mir Merlin: ›Zuallererst, Artus, erkenne Deine Feinde.‹ Ich dachte, er wollte die Namen der Ritter wissen, die meine Widersacher waren.

Nach reiflicher Überlegung sagte ich schließlich zu Merlin: ›Ich kenne *kaum* einen der Ritter. Wie kann ich sie als meine Feinde erkennen?‹

Merlin schien zufrieden mit meiner Antwort – zumindest anfangs. Dann aber erklärte er scharf: ›Du sollst nicht die *Ritter* erkennen, denen Du nicht vertrauen kannst, Artus. Du sollst Deine *Feinde* erkennen. Denke, Artus! *Denke!*‹

Meine Gedanken rasten. Manchmal setzte mich Merlin unter großen Druck, wenn er wollte, daß ich über bestimmte Themen besonders intensiv nachdenke. Ich wollte unbedingt die richtige Antwort finden, aber ich konnte es nicht.

Merlin sah, daß keine Antwort kommen würde. Also verwandelte er mich in ein Huhn. Er verwandelte mich oft in Tiere oder Pflanzen, um mir zu helfen, die wichtigsten Lektionen des Lebens zu lernen. Innerhalb eines Augenblicks saß ich in einem Nest auf einem alten Baumstumpf. Ich war irgendwo mitten auf einer Wiese von gelben Blumen.

Das Nest war warm, aber unbequem. Also stand ich auf, um zu sehen, was die Oberfläche so uneben machte. Zu meinem Erschrecken waren da drei Eier unter mir. Merlin, der mich noch immer beobachtete, sagte: ›Jedes dieser drei Eier enthält das Leben Deines Traumes von Camelot, Artus. So wie ein Fuchs das Leben in diesen Eiern töten würde, hast Du drei Feinde, die das Leben Deines Traums töten können. Die Feinde sind *nicht* Menschen, Artus. Sie sind etwas anderes. *Was* sind Deine Feinde, Artus?‹

Vorsichtig setzte ich mich wieder auf die Eier und dachte nach. Das Gleichnis von den drei Eiern stand vor meinem geistigen Auge. Wenn der Feind nicht menschlich war, mußte er auf einer anderen Ebene zu finden sein. Also trat ich in Gedanken einen Schritt zurück, um einen weiteren Blickwinkel zu bekommen.

Schließlich hatte ich die Antwort gefunden. ›Merlin, ich hab es! Ich kenne die Feinde meiner Regentschaft. Der erste ist die *Geographie*. Die Geographie bringt die Ritter dazu, sich als getrennt voneinander zu betrachten. Der zweite ist die *Isolation*. Isolation verhindert, daß sie einander kennenlernen. Die Ritter hatten nicht die Möglichkeit, Beziehungen zueinander zu entwickeln und von diesen Beziehungen zu profitieren. Der dritte ist die *Geschichte*. Die Geschichte läßt sie glauben, daß die

Art, wie Ritter früher gehandelt haben, die Art ist, in der auch sie immer handeln werden.‹

Merlin überschüttete mich mit Lob. ›Ausgezeichnet, Artus! Völlig richtig! Deine Feinde sind Geographie, Isolation und Geschichte. *Egal, ob Du sie ignorierst oder akzeptierst, einer von ihnen oder alle gemeinsam werden den Traum von Camelot zerschmettern. Als König mußt Du immer in der Offensive sein, um diese Feinde durch effektive Kommunikation zu besiegen.*‹

Dann sagte Merlin zu mir: ›Die Henne beschützt und nährt ihre Jungen. Was mußt Du als König tun, um den Traum von Camelot zu schützen und zu nähren? Was muß mit Camelot geschehen, damit die Feinde Deiner Herrschaft vernichtet werden?‹

Und wieder suchte ich fieberhaft nach der Antwort. Nun, da ich das Problem schon erkannt hatte, fiel mir die Lösung jedoch leichter. Nach einem Moment antwortete ich Merlin: ›*Geographie* ist eine Barriere, mein Lehrer, aber nur eine physische. Um dieser Barriere entgegenzuwirken, muß ich sehr starke Bande schaffen, die die Ritter von Küste zu Küste vereinigen. Sie dürfen sich nicht als getrennt betrachten. Statt dessen sollen sie sich als vereinigt zu einem höheren Ziel betrachten. Ich muß einen Weg finden, ein Gefühl der Zusammengehörigkeit zu schaffen und zu nähren. Ein Gefühl der Zusammengehörigkeit, das lebendig bleibt, gleichgültig ob die Menschen in meiner Nähe sind oder in ihren eigenen Burgen.‹

Mit einem Zauber verwandelte Merlin eines der Eier in Gold. Darauf schrieb er: *Vertrauensvolle Gemeinsamkeit.*

Dann sagte ich: ›*Isolation* ist eine Barriere, die die Ritter davon abhält, Freundschaft und Vertrauen zu entwickeln. Ritter brauchen Freundschaft und Vertrauen als Band, wenn sie zusammen sind, und um zu überleben, wenn sie getrennt sind. Um der Barriere der Isolation entgegenzuwirken, muß ich sichergehen, daß sie die Möglichkeit haben einander kennenzulernen. Kommunikation ist die Vorraussetzung für vertrauensvolle Beziehungen, und vertrauensvolle Beziehungen sind es, die es ihnen erlauben werden, offener miteinander zu sein und einander besser zuzuhören. Ich muß Wege finden, vertrauensvolle Beziehungen zu schaffen und zu nähren. Unter den Rittern und mit mir.‹

Merlin verwandelte das zweite der drei Eier in Gold. Auf dieses schrieb er: *Vertrauensvolle Beziehungen*.

Dann kam ich zur Lösung des letzten Problems. ›Die *Geschichte* ist zugleich ein Lehrmeister und eine Barriere. Die Geschichte birgt zahlreiche wertvolle Lektionen für uns alle, und wir müssen immer offen dafür sein. Sie ist allerdings auch eine enorme Barriere, wenn historische Muster sich ändern sollen. Die Geschichte zu verändern, kann genauso erschreckend sein wie das blutige Gemetzel einer Schlacht.

Um dieser Barriere entgegenzuwirken, muß ich den Rittern eine neue Geschichte geben – eine Zukunft, auf die sie sich freuen können. Die Vision einer gemeinsamen Zukunft wird ihnen helfen, über die engen Grenzen der Ritterburgen hinaus den Blick auf etwas Größeres zu richten. Um ihr Engagement zu gewinnen, muß ich sie an der Erschaffung dieser Zukunft teilhaben lassen. Damit der Traum von Camelot wahr wird, muß jeder mit größter Hingabe und unerschütterlichem Glauben bei der Sache sein. Ich muß Wege finden, das Vertrauen in die Zukunft aufrechtzuerhalten – egal, ob die Ritter in ihren eigenen Burgen oder bei mir in Camelot sind.‹

Merlin verwandelte das dritte Ei zu Gold. Er schrieb darauf: *Vertrauensvolle gemeinsame Zukunft*.

Dann verwandelte mich Merlin zurück, die drei goldenen Eier ließ er aber vor mir liegen. Excalibur war in meinen Händen, aber immer noch wußte ich nicht, wie ich die Zauberkraft des Schwertes nützen sollte, um aus der Ferne zu führen. Ich kannte meine Feinde. Ich wußte, was getan werden mußte, um mich zu schützen. Doch als ich auf Excalibur starrte, kamen mir neue Fragen. Merlin hatte mich noch nicht erkennen lassen, wie das Schwert wirken sollte.

Merlin mußte meine Gedanken gelesen haben, denn er sagte: ›Artus, Excalibur ist nicht magisch. Es hat keine Zauberkraft, genauso wenig wie Du. Versuche also nicht, Excalibur in der Luft zu schwenken, in der Erwartung, daß Dir die Menschen auf magische Weise folgen werden. Nicht einmal ich besitze diese Kraft!

Und doch kannst Du über einen mächtigen Zauber verfügen, wenn Du darauf achtest, was das Schwert Dir mitteilt. *Die Magie ist nicht im Schwert. Die Magie ist das, was Du mit Deinem Volk erschaffst.* Das Schwert soll Dich an Deine vornehmste Aufgabe als König erinnern. Wenn Du entdeckst, was das Schwert Dir sagen will, wirst Du über jene Magie verfügen, die Du suchst. Betrachte also das Schwert. Studiere es genau, und Du wirst die Antwort finden!‹«

In diesem Moment stand Artus auf und hielt das Schwert senkrecht vor Jim. Die Spitze des Schwertes bohrte sich in den Boden, und der Griff wurde nur von Artus' Zeigefinger und Daumen gehalten. Artus sagte zu Jim: »Was für einen Buchstaben siehst Du in dem Schwert?«

Jim sah die senkrechte Linie der Klinge und des Griffs und die schmale waagrechte des Hefts, die eine Art langezogenes Dreieck bildeten. Also antwortete er: »V. Ich sehe den Buchstaben V. Aber was bedeutet das, Eure Majestät? Wie hat Euch Excalibur die Macht und die Kontrolle gegeben, den Traum von Camelot wahr werden zu lassen?«

Artus antwortete: »Es hat einige Zeit gebraucht, aber schließlich fand ich heraus, wofür das V steht. V steht für Vertrauen. Meine Hauptaufgabe als König war es, Vertrauen zu schaffen. Ich mußte Vertrauen in mich als Anführer aufbauen. Ich mußte

Vertrauen in Camelot schaffen. Und vor allem mußte ich Vertrauen unter den Rittern selbst schaffen. *Ritter, die einander vertrauen und einander mögen, töten einander nicht!*«

Jim schwieg einen Moment und versuchte zu verarbeiten, was Artus gerade gesagt hatte. Er hatte eine leitende Position immer mit Macht und Kontrolle assoziiert. Macht und Kontrolle dienten ihm als Teamchef dazu, seine Aufgaben zu bewältigen. Vertrauen zu schaffen stand auch auf seiner Liste der wichtigsten Aufgaben eines Teamleiters, war aber weit entfernt von einer Spitzenplazierung.

Jim sagte: »Eure Geschichte läßt mich meine grundlegendsten Gedanken über Führung in Frage stellen, Eure Majestät. Als Ihr mir das erste Mal Excalibur zeigtet, waren die ersten Worte, die mir in den Sinn kamen, Macht und Kontrolle. Ein Anführer muß Macht und Kontrolle über Menschen haben, weil er in dieser Position die Verantwortung für die Ergebnisse trägt. In Eurer Geschichte werden Macht und Kontrolle nicht einmal erwähnt. Sie handelt nur von Vertrauen. Ich verstehe nicht, warum Vertrauen so wichtig ist, wenn Menschen von einander getrennt sind.«

Artus entgegnete lächelnd: »Dasselbe sagte ich zu Merlin, Jim. Als König sah ich nur einen Weg, Camelot zu errichten, und das war durch Macht und Kontrolle über mein Volk.

Also schuf Merlin zwei Ritter, um mir eine neuerliche Lektion zu erteilen: Sir Bainbridge und Sir Kensington. Er zauberte außerdem ein zweites Set Eier, die sich wie Gold anfühlten und auch so aussahen, es aber nicht waren. Ich traf Sir Bainbridge auf seinem Schloß und erklärte ihm, daß die drei Eier, die ich ihm zum Transport übergeben würde, die Grundsteine für Camelot sein sollten. Ich erließ ein königliches Dekret bei der Macht von Excalibur. Laut diesem Dekret mußte er die Eier bewachen und sie mir drei Tage später in Camelot übergeben. Dasselbe tat ich bei Sir Kensington. Sodann begaben sie sich aus meiner Reichweite. Sir Bainbridge hatte die gefälschten goldenen Eier und Sir Kensington die echten.

Ein königlicher Erlaß bei der Macht von Excalibur war die größte Demonstration von Macht und Kontrolle, die ich ausüben konnte. Ich bin der König. *Meine Herrschaft erstreckt sich über das ganze Land. Wenn die Ritter aber außer Reichweite sind, hat meine Befehlsgewalt keine Macht mehr über sie.* Weder ich, noch Excalibur können die Ritter beschatten, um sicherzugehen, daß sie tun, was ihnen befohlen.«

Jim fragte: »Gab es denn einen Weg, absolut sicherzugehen, daß die Eier heil ankommen würden?«

»Ja, Jim, es gibt einen Weg – *Vertrauen.* Wenn ich wollte, daß meinem königlichen Erlaß Folge geleistet wurde, während ein Ritter außerhalb meiner Reichweite war, mußten der Ritter und ich zuerst ein Vertrauensverhältnis aufbauen. Der Ritter mußte mir vertrauen und ich ihm. Der Ritter mußte auf den Traum von Camelot vertrauen. Und der Ritter mußte darauf vertrauen, daß seine königliche Aufgabe, die Eier zu beschützen, von größter Wichtigkeit war.

Sir Bainbridge und ich nahmen uns nicht die Zeit, dieses Vertrauen aufzubauen, bevor er sich von mir entfernte. Zwischen uns bestand kein Band. Obwohl er es mir nie ins Gesicht sagte, vertraute er nicht darauf, daß ich länger als ein Jahr König sein würde. Er glaubte nicht daran, daß Camelot jemals Realität werden würde. Er fand, daß die ganze Angelegenheit mit den Eiern eine Farce war. Schon am ersten Tag, an dem er aus meiner Reichweite war, lachte Sir Bainbridge sich in Fäustchen, als er die goldenen Eier mit einem saftigen Profit verkaufte. Ohne Vertrauen war meine Befehlsgewalt ohne Macht über ihn.

Sir Kensington sorgte hingegen nicht nur für die Sicherheit der drei Eier, sondern tat noch einiges mehr. Er fertigte eine wunderschöne Schatulle an, in der er die goldenen Eier während der Reise aufbewahrte. Er verdingte seine vertrauenswürdigsten Diener als Eskorte. Während der gesamten dreitägigen Reise ließ er die Eier nicht einmal aus den Augen.

Mit Sir Kensington nahm ich mir die Zeit, Vertrauen aufzubauen, bevor wir uns trennten. Wir fanden gemeinsame Interessen, die uns als Menschen verbanden. Ich war bedacht darauf, daß jedes meiner Worte und jede meiner Handlungen meine aufrichtige Hingabe als König von Camelot zeigten. Bevor Sir Kensington mich verließ, hatte er Vertrauen zu mir gefaßt, ebenso wie zu dem Traum von Camelot und zu der wichtigen neuen Aufgabe der Ritter. *Sobald er sich aus meiner Reichweite entfernte, war die einzige Macht und Kontrolle, die ich als König über ihn hatte, jene, die der Ritter selbst über sich ausübte. Nur mit einem Band des Vertrauens konnte ich der Ergebnisse sicher sein, die ich wollte.*«

Jim blickte auf Excalibur und sagte: »Vertrauen brachte Euch also die Ergebnisse, die Ihr wolltet und noch vieles mehr. Aufgrund seines Vertrauens überbrachte Sir Kensington nicht nur die Eier, er ergriff selbst die Initiative, viel mehr zu tun, als Ihr ihm befohlen hattet. Sein Vertrauen bewirkte, daß er seine wichtige Aufgabe erfüllte und die persönliche Verantwortung für ihren Erfolg übernahm. Er übte Macht und Kontrolle über sich selbst aus.«

Darauf warf Artus ein: »Das ist richtig, Jim! Vertrauen ist von zentraler Bedeutung beim Führen einer Gruppe über Entfernungen hinweg. Du mußt aber folgendes wissen. Ritter, die in entlegenen Burgen wohnen, können nicht jenes Maß an Vertrauen entwickeln, das sie haben würden, wenn sie in einer Burg mit Dir lebten.

In der Tafelrunde betrachtete ich Vertrauen immer als kostbarstes und zerbrechlichstes Gut. *Um ein erfolgreicher König zu sein, mußte jedes meiner Worte, jede Tat und jeder Befehl von mir Vertrauen schaffen. In der Kommunikation zwischen den Rittern und Dir darf niemals ein Zweifel das Vertrauen betreffend aufkommen, besonders dann, wenn es um Deine Position als Anführer geht.*«

Jim erinnerte sich wieder an den Vorfall mit Nicole. Ihre Worte reflektierten eine Vielzahl von Vertrauensaspekten, die Jim früher ignoriert hatte, die er aber jetzt als wichtig erkannte. Er wußte, daß er von Artus noch mehr darüber lernen mußte, wie man Vertrauen aufbaut.

Jim sagte: »Über große Entfernungen hinweg Vertrauen zu schaffen ist leichter gesagt als getan, Eure Hoheit. Es gibt so viele Gelegenheiten, zu denen sich Vertrauensfragen stellen, wenn Menschen weit voneinander entfernt sind. Wenn sie an einem Ort arbeiten, können sie sehen, was geschieht. Wenn sie räumlich getrennt voneinander arbeiten, tun sie das nicht. Da ihnen die nötigen Informationen fehlen, schließen sie selbst die Lücken! Und das ist der Moment, in dem die Schwierigkeiten beginnen, weil sie die Lücken nicht immer korrekt füllen. So entstehen dann oft wilde Gerüchte, für die es in vielen Fällen keinerlei Grundlage gibt.« Als er das sagte, erinnerte sich Jim an Nicoles Anschuldigungen, daß er sie nie angerufen habe, und an all ihre anderen negativen Mutmaßungen, die aus ihrem Mangel an Vertrauen resultierten.

Artus sagte: »Aus der Entfernung Vertrauen aufzubauen *ist* schwierig, aber machbar, Jim. Heute haben wir nur über ein paar Hauptaspekte gesprochen. Wir werden noch viel mehr Zeit brauchen, um auf die Einzelheiten einzugehen. Wie Du aber sehen wirst, *beruht alles, was für Deinen Erfolg wichtig ist, auf der heiklen Frage des Vertrauens.*«

Artus wurde für einen Moment durch einen Vorfall in seiner Welt abgelenkt. Einige Ritter suchten nach ihm und riefen seinen

Namen. Artus sagte zu Jim: »Ein paar meiner Ritter verlangen nach mir. Bevor ich gehe, Jim, möchte ich Dir noch eine weitere Geschichte über Merlin erzählen. Du erinnerst Dich, daß ich tief in die Wälder ritt, um mit ihm über die magische Kraft von Excalibur zu sprechen.

In seiner großen Weisheit erklärte Merlin mir folgendes: ›Führung ist nicht etwas, das Du *über* jemanden ausübst, Artus. Es ist etwas, das Du *für* Dein Volk tust. Wenn Du versuchst Macht und Kontrolle über die Menschen auszuüben, herrscht Du *über* sie. Du zwingst ihnen Deinen Willen auf und machst sie von Dir abhängig. Wenn ein König von seinen Rittern entfernt ist, ist diese Strategie tödlich.

Wenn Du hingegen Vertrauen schaffst, tust Du etwas *für* sie. Du hilfst ihnen, sich auf ihre eigenen, einzigartigen Talente, Fähigkeiten und Anschauungen zu verlassen. Du schenkst ihnen Dein Vertrauen, daß sie selbst Macht und Kontrolle über sich ausüben können. Wenn sie auf Dich, den Traum von Camelot und die Macht ihrer Gemeinschaft als Volk vertrauen, wirst Du reich belohnt werden. Erinnere Dich nur an Sir Kensington.‹

Das Schwert, Jim, hat mir als ständige Erinnerung an meine vornehmste Aufgabe als Regent gedient – Vertrauen zu schaffen. Es war Vertrauen, das mich und die Ritter der Tafelrunde Camelot erschaffen ließ. Rückblickend weiß ich auch, daß ein Vertrauensbruch es war, der zu seinem Untergang führte.«

Jim wollte sichergehen, daß er die wichtigsten Überlegungen seines königlichen Mentors verstanden hatte. Er sagte: »Wenn ich Eure Thesen auf mein Projekt umlege, bedeutet das, daß ich äußerst sensibel auf das fragile Vertrauen bedachtnehme, das besteht, wenn Leute in großer Entfernung voneinander arbeiten. Das kleinste Wort, die geringste Tat, die das Vertrauen nicht erschüttern würden, wenn Kollegen einander gut kennen, können verheerend sein, wenn keine soliden Beziehungen bestehen.

Meine Hauptaufgabe als Leiter des Projektes ist es daher, Vertrauen zu meiner Person, zu dem Projekt und zu der Einheit des Teams zu schaffen. Trotz der räumlichen Distanz. Ich muß sicherstellen, daß jedes meiner Worte, jede Handlung und jede Geste das Vertrauen zu mir als Leiter des Teams fördert. Ich muß Vertrauen aufbauen, daß meine Ritter und ich durch unsere Zusammenarbeit eine Zukunft schaffen können, die wir alle wollen. Und ich muß meinen Rittern Wege aufzeigen, wie sie Vertrauen zueinander entwickeln können – Kommunikation ermöglicht es uns jenes Level an Vertrauen aufbauen zu können, das wir für unseren Erfolg brauchen.«

Artus antwortete: »Genau! Nur wenn Vertrauen wächst, schaffen die Menschen auf magische Weise gemeinsam die wundervollsten Dinge – so wie Camelot!«

Jim freute sich darauf, noch mehr von Artus zu lernen. Er wollte genaueres darüber erfahren, wie Artus aus der Entfernung ein so tiefes Vertrauensverhältnis mit seinen Rittern der Tafelrunde aufbauen hatte können.

Jim und Artus vereinbarten eine Zeit, zu der sie sich am kommenden Morgen treffen wollten, dankten einander für das wundervolle Gespräch und verabschiedeten sich.

Jims Auffassung von Teamleitung hatte durch diese Unterhaltung eine dramatische Veränderung erfahren. Er sah Führung nicht länger als Macht und Kontrolle über Menschen. Nun bedeutete Führung etwas viel Wichtigeres, Aufregenderes – eine große Herausforderung! Er fühlte sich ruhiger, nun da er verstand, wie er – auch ohne Machtdemonstrationen – die von ihm gewünschten Resultate durch Vertrauen erreichen konnte.

Vor seinem geistigen Auge sah Jim Excalibur. Er sah das V seiner Silhouette und erinnerte sich an den Kernpunkt, auf den er sich konzentrieren mußte, um auch über die großen Entfernungen hinweg ein erfolgreicher Projektleiter zu sein.

Die Tafelrunde

Als Jim am nächsten Tag ins Büro kam, machte er sich wie gewohnt an die Arbeit. Er ackerte sich durch 38 E-Mails, 22 Voice-Mails, ein paar Telephonate und eine Telekonferenz mit seinem Team. Doch die Geschichte von Excalibur, den drei goldenen Eiern und vor allem die Frage des Vertrauens gingen ihm den ganzen Tag nicht aus dem Kopf.

Jim wartete auf zwei wichtige E-Mails. Doch er erhielt keines von beiden. *Vertrauen.* Jim rief den Telependler, der zum Team gehörte, dreimal zu Hause an. Doch das einzige, was er zu hören bekam, war die Ansage auf dem Anrufbeantworter. War er zu Hause oder nicht? *Vertrauen.* Ungefähr eine halbe Stunde nach Beginn der Telephonkonferenz stellte Jim einem der Teammitglieder in Denver eine Frage. Keine Antwort. Wie lange hatte er schon nicht mehr zugehört? *Vertrauen.*

Artus hatte recht. Jims Probleme kamen nicht daher, daß sein imaginäres Schwert Excalibur nicht lang oder scharf genug war. Jims Probleme waren vor allem eine Folge des zu geringen Vertrauens in seinem Team.

Nachdem sie einen Tag ausgelassen hatten, beschlossen Jim und Artus einander kommenden Morgen zu treffen. Da Artus keine Uhr hatte, wählten sie den Sonnenaufgang als Zeitpunkt ihres Treffens. Jim schätzte, daß das in Atlanta etwa sieben Uhr bedeutete.

»Perfekt!« sagte Jim zu sich selbst. Er hatte nämlich eine Überraschung für seinen königlichen Mentor geplant. Während ihres vorangegangenen Treffens hatte Artus Jims Erzählungen von der modernen Welt mit der Neugier eines kleinen Kindes gelauscht. Wie ein Schwamm saugte er jedes von Jims Worten auf und versuchte dieses neue Konzept zu verstehen, von dem Jim ihm erzählte: Die High-Tech-Welt des Jahres 2000.

Die Technologien, die Jim Artus zu Hause zeigen konnte, waren natürlich begrenzt. Jim wollte seinem königlichen Mentor noch andere interessante Aspekte des Lebens im Jahr 2000 zeigen. Er plante, Artus auf seine morgendliche Fahrt ins Büro mitzunehmen. Jim wollte, daß Artus die Aufregung einer schnellen Fahrt auf der Autobahn erlebte. Er wollte Artus die Schönheit der Autobahn genießen lassen, wie sie sich rauf und runter, links und rechts, quer durch die wunderschöne bewaldete Landschaft von Georgia schlängelte. Jim dachte: »Ich werde mit Artus bei hundert Kilometer in der Stunde Kontakt aufnehmen. Mal sehen, wie er reagiert!«

Um sieben Uhr morgens schaltete die Ampel auf Grün, und Jim fuhr auf die I-75 auf. Sobald Jims Wagen Autobahngeschwindigkeit erreicht hatte, holte er die magische Münze heraus und strich mit seinem Daumen über das Wort Excalibur. Wie erwartet, erschien Artus in Jims Rückspiegel. Lächelnd blickte er Jim an, bereit seinen Freund aus der Zukunft zu begrüßen. Doch bevor er dazu kam, wurden seine Augen wie Magneten von dem Szenario hinter Jim angezogen.

Der Gesichtsausdruck des Königs war unbezahlbar! Artus wußte, daß sein Mund vor lauter Staunen offen stand, aber das kümmerte ihn nicht. Der einzige Teil des Bildes, den Artus wiedererkannte, waren die Bäume. Die, die er durch die Seitenfenster sehen konnte, fetzten mit solcher Geschwindigkeit vorbei, daß er nur ein verschwommenes Grün erkannte.

Die wahre Überraschung für Artus war jedoch etwas anderes aus Jims Welt, das seine königlichen Augen noch nie gesehen hatten. Seine Aufmerksamkeit wurde von einer Vielzahl seltsamer bunter Objekte angezogen, die sein Blickfeld übersäten. Dutzende von farbenfrohen Fahrzeugen schossen mit der Geschwindigkeit von Adlern vorbei. Einige der Fahrzeuge waren rund, andere waren eckig. Manche waren groß, manche klein. Und einige waren sogar keilförmig wie ein Stück Käse.

Die Fahrzeuge waren mit Farben bemalt, so strahlend wie die Regenbogen, die nach einem Gewitter über Camelot standen. Sie alle bewegten sich schneller als die Füchse im Wald. Artus überraschte sich selbst mit Ausrufen von *ohs* und *ahs*, während die seltsamen Fahrzeuge Jim blitzschnell überholten und Jim andere passierte. Wie aufregend und schnell diese neue Welt war!

Als Jim aus einer Kurve kam, stand der Verkehr plötzlich still. Jim trat schnell auf die Bremse. Genauso wie all die anderen Fahrer neben und hinter ihm. Der Lärm der quietschenden Bremsen erfüllte die Luft.

Plötzlich verringerten Autos weit hinter Jim blitzartig ihre Geschwindigkeit, bis sie zum Stillstand kamen. In Sekundenbruchteilen schlossen die Autos auf. Es erschien Artus, als müßten die Fahrzeuge in Jims Auto krachen. Die seltsamen Geräusche, die Notbremsung und die plötzliche, überraschende Nähe der hinteren Autos ließen Artus seinen Arm schützend vor sein Gesicht halten. So wartete er auf einen Aufprall, der niemals kam.

Sobald wieder Ruhe auf der Straße herrschte, war auch das Auto von Stille erfüllt. Dann begannen der König und Jim zu lachen. Das Lachen ließ ihre Anspannung augenblicklich verschwinden.

Schließlich fragte Artus: »Wo bist Du? Was ist das für ein Ort, Jim? Was sind das für seltsame Dinge, die ich sehe. Die sich so schnell bewegen und nun stillstehen?«

Jim hatte diese Fahrt unternommen, weil er Artus mit weiteren technischen Errungenschaften seiner Welt bekannt machen wollte. Nun war es klar, daß Artus eine *wirkliche* Vorstellung vom Jahr 2000 bekommen sollte: Verkehrsstaus! Jim antwortete auf Artus' Frage: »Willkommen im Alltag des Jahres 2000, Eure Majestät. Wir sind in meinem Auto. Mein Auto steckt in einem Verkehrsstau auf der I-75. Genauso wie mehrere hundert andere Autos vor und hinter mir«, sagte Jim und hoffte, daß niemand bemerkte, wie er mit seinem Rückspiegel sprach. Jim blickte schnell zu den Fahrzeugen auf den Fahrspuren zu seiner Rechten und Linken. Die Fahrer schienen mit anderen Dingen beschäftigt zu sein und achteten nicht auf Jim.

»In einem Auto? Was ist ein Auto?« fragte Artus.

»Ein Auto ist ein Transportmittel. Man könnte sagen, es ist eine moderne Version von Kutsche und Pferd, alles in einem«, sagte Jim.

»Entschuldige bitte, aber ich kann keine Pferde sehen! Was ist mit den Pferden passiert im Jahr 2000?«

»Nun, sie sind unter der Motorhaube, Eure Majestät … auf gewisse Weise. Die Pferde, die Ihr kennt, existieren immer noch, aber es gibt eine neue Art von Pferd, die vor ungefähr hundert Jahren erfunden wurde – *Pferdestärke*. Mein Auto hat die Kraft von zweihundertundvierzig Pferden unter der Haube.

In einem Verkehrstau wie diesem sind diese Pferdestärken nicht sehr nützlich. Aber auf einer Straße ohne Verkehr – *wow*, Artus! Nun, Ihr habt gesehen, wie diese Schönheit abgeht! Sie schießt wie ein Pfeil die Autobahn hinunter. Gäbe es keine anderen Autos auf der Straße, und wären wir auf einer Straße wie dieser in England, könnte ich in wenigen Stunden vom nördlich sten Punkt zum südlichsten gelangen!«

Das meiste von Jims Worten und Beschreibungen ging ziemlich spurlos an Artus vorüber. Der König konnte nicht verstehen, warum Pferdestärken *erfunden* wurden, wenn Pferde doch *geboren* wurden. Er verstand die Worte *Verkehr* oder *Autobahn* nicht, und ihm gefiel auch die schmutzig braune Wolke nicht, die über den Bäumen hing. Statt sich jedoch von Jim sofort alles erklären zu lassen, zog er es vor, sich genauer mit Jims letztem Satz zu beschäftigen.

»In wenigen Stunden! Diese Reise würde in meiner Zeit mehrere Tage dauern. Es dauert einen Tag, um Sir Dinadan, und fünf, um Sir Sagramore zu besuchen. Eine Reise zu Sir Lionel dauert zwei Wochen. Und Lancelots Reise von Frankreich dauerte fast einen Monat! Entfernungen sind eine enorme Barriere in meiner Zeit.«

Jim antwortete: »Für mich dauerte die Reise von England nach Atlanta nur acht Stunden Flugzeit, Eure Majestät. Aber sogar mit Autos, Flugzeugen und vielen anderen Technologien, die ich jeden Tag verwende, ist die räumliche Distanz *auch im Jahr 2000* noch eine Barriere«, bedauerte Jim.

»Vor ein paar Tagen, als Ihr Eure drei Feinde – Geographie, Isolation und Geschichte – genannt habt, dachte ich, Ihr würdet mein Projektteam beschreiben. Dieselben Feinde plagen meine Projektgruppe, sogar in unserer heutigen Zeit! Es ist schwer, Menschen, die räumlich voneinander getrennt sind, dazu zu bringen, vertrauensvolle Beziehungen zu entwickeln. Es ist schwer, sie dazu zu bewegen, über die Mauern ihrer eigenen Burgen hinaus zu sehen.

Eure Majestät, die Leute in meiner Projektgruppe arbeiten und handeln nicht als Einheit, so wie es die Ritter der Tafelrunde getan haben. Distanz isoliert die Leute meiner Gruppe voneinander und von mir.

Tatsächlich ist Isolation ein so häufiges Problem, daß wir dafür einen eigenen Namen haben – *Distanzitis*! Die Leute sehen sich als isolierte Teile, nicht als zusammengehöriges Ganzes.

Wenn ich Glück habe, werden die Leute meiner Gruppe doch noch zusammenarbeiten. Kooperation ist allerdings nicht genug. Damit mein Projekt erfolgreich ist, muß das Team zusammenarbeiten und sowohl Information als auch andere Ressourcen miteinander teilen. Zum jetzigen Zeitpunkt sprechen sie kaum miteinander, ganz zu schweigen von einem effektiven Informationsaustausch.

Ich weiß nicht, wie Ihr die Barrieren niedergerissen habt, um die Ritter der Tafelrunde zu einer Einheit zusammenzufügen. Langsam glaube ich, daß der einzige Weg, ein funktionierendes Team zu schaffen, darin besteht, sie alle an einen Ort zusammenzubringen«, gestand Jim. Er wußte, daß das nicht zur Debatte stand, aber er wünschte, daß es so wäre.

Artus antwortete: »Ich kenne die Isolation, von der Du sprichst, mein Freund. Jahrhundertelang hielt Isolation die Ritter in ganz England in getrennten Welten gefangen. Durch die Isolation beschäftigten sie sich nur mit ihren eigenen Angelegenheiten, ohne auf England als Ganzes Bedacht zu nehmen. Isolation rechtfertigte ihre Einstellung gegenüber *Fremden.* Sie sahen sie als Feinde von anderen Burgen, denen man nicht trauen durfte. Ich wußte, daß ich das ändern mußte«, sagte Artus.

Jim war begierig zu hören, wie Artus die Barriere der Distanz durchbrochen hatte und fragte: »Wie war die Situation, als Ihr begonnen habt, die Ritter zu vereinigen? Wie habt Ihr sie dazu gebracht, sich als Teil einer Gruppe zu fühlen? Wie habt Ihr sie dazu gebracht, einander zu vertrauen, obwohl sie einander nur selten sahen und eine so kriegerische Geschichte hatten?«

Artus sagte: »Um Deine Frage zu beantworten, Jim, muß ich mit einer frühen Erfahrung in meinem Leben beginnen. Laß mich Dich in meine Kindheit mitnehmen, zu einer anderen Lektion, die Merlin mir erteilt hat.

Viele Geschichten, die ich als Kind gehört habe, handelten von großen Rittern, die sich in glorreichen Schlachten hervortaten. Auch wenn die Menschen in England nicht oft von Burg zu Burg reisten, die Legenden von tapferen Rittern taten es. Erzählungen von den Siegen und Niederlagen der Ritter erklangen im ganzen Land. Dadurch wurden die glorreichen Kämpfe immer noch glorreicher.

Eines Tages bat ich Merlin, mir den *Ruhm* des Kampfes zu zeigen. Ich war damals zwölf Jahre alt und konnte es nicht länger erwarten, aus erster Hand zu erfahren, was es mit dem *Ruhm* auf sich hatte. Da ich schon als junger Mann betrachtet wurde, entsprach Merlin meinem Wunsch. Er benützte seine Magie, um uns und unsere Pferde unsichtbar zu machen. Dann ritten wir ins Land hinaus, um einen Kampf zu finden, der gerade im Gange war.

Als wir die Spitze eines Hügels erreicht hatten, konnten wir in der Ferne einen Kampf erkennen, der kurz vor dem Ausbruch stand. Zwei Ritter, die zu Pferde saßen, standen einander gegenüber. Jedem der Ritter standen ungefähr zehn Knappen zur Seite, die schlechter bewaffnet, aber auch bereit zum Kampf waren.

Die Ritter kannten einander nicht. Abgesehen von den Worten der Drohung, die sie vor dem Kampf wechselten, hatten sie noch nie miteinander geredet. Geharnischt und in voller Rüstung konnten sie nicht einmal das Gesicht des Gegners sehen.«

Artus' Worte beschworen das Bild der gesichtslosen Person herauf, mit der Jim am Vortag am Telefon gesprochen hatte. Es war jemand, den Jim nicht kannte und der Jim zu einer Entscheidung drängen wollte. Jim erinnerte sich, wie einfach es war, grob zu jemandem zu sein, der nur eine Stimme am Telefon war. Er brauchte keinen besonderen Grund, um mit einem Menschen ohne Gesicht zu streiten, genauso wie die Ritter in Artus' Zeit keinen besonderen Grund für einen Kampf brauchten.

In Jims Position als Gruppenleiter mußte er mit vielen Menschen Kämpfe austragen, die er nie persönlich kennengelernt hatte. Es war so leicht, kurz angebunden oder sogar grob zu Leuten zu sein, die er nie zuvor getroffen hatte und wahrscheinlich niemals treffen würde. Es war so normal, einer Stimme am Telefon zu mißtrauen, die nicht von einem bekannten Gesicht stammte. Jim fragte sich, wie viele Menschen so empfanden wie er.

Artus fuhr fort: »Plötzlich machte einer der Ritter die erste Bewegung. Innerhalb von Sekunden befanden sich die beiden in einem wilden, brutalen Gemetzel. Schwerter und andere Waffen peitschten, schlitzten und durchbohrten den Gegner bis zum Heft. Die Knappen beteiligten sich daran.

Schmerzensschreie und lautes Stöhnen erfüllten die Luft, als die Opponenten ihre namenlosen Feinde einen nach dem anderen niedermetzelten. Innerhalb von Minuten hatte sich das wunderschöne smaragdgrüne Gras rot gefärbt. Ein bitteres Rot, das ich niemals aus meinem Gedächtnis werde löschen können, so sehr ich es auch versuche. Ein Jahrhundert lang war Krieg eine Art zu leben gewesen. Hunderte von Rittern töteten und verwundeten einander im Namen des *Ruhmes*.«

Für eine Sekunde sah Jim den Ruhm der Globalisierung. Dann sah er die namenlosen Opfer blutiger Downsizing-Schlachten. Plötzlich konnte er die Gesichter dieser modernen Ritter deutlich erkennen. Ihre Gesichter zeigten die Angst, der nächsten Rationalisierungswelle zum Opfer zu fallen oder eliminiert zu werden, wenn sie ihre Informationen weitergaben. Es gab keinen Ruhm im Überlebenskampf zwischen Niederlassungen. Es gab nur weitere Zerstörung von Jobs und Chancen.

Artus fuhr fort: »Als wir das Blutbad dieses Kampfes sahen, wußte ich, daß da nichts Ehrwürdiges zu finden war. Ruhm war kein Wort, daß ich mit einem Kampf in Verbinung bringen konnte. Mein Herz schmerzte ob solch sinnloser Zerstörung.

Da wandte ich mich zu Merlin, meinem Mentor. Ich fragte ihn, was der Schlüssel zu Frieden und Wohlstand unter den Rittern wäre. Was konnte ein König tun, um die sinnlosen Kämpfe zu beenden und sein Volk zu vereinen?

Merlin beantwortete meine Fragen selten direkt. Er wollte mir nicht einfach die Antwort sagen. Er meinte, ich würde die Antwort besser verstehen, wenn ich sie für mich selbst entdeckte. Um den Schlüssel zu Frieden zu finden, verwandelte er mich in einen Adler. Er sagte, ich solle fliegen, wohin immer ich wollte, bis ich die Antwort sehen konnte.

Zu Beginn meines Fluges war mir ein bißchen flau, so hoch über dem Erdboden. Aber nachdem ich einmal den Trick heraus hatte, war es berauschend. So wie die Autofahrt heute morgen. Zumindest solange wir uns bewegten! Als ich durch die Lüfte rauschte, bekam ich eine ganz neue Perspektive von meinem Land, die mir Augen und Verstand öffnete.

Meine Flügel ließen mich hoch über Englands wunderschönen Wiesen und Wäldern gleiten. Die breiten Schwingen trugen mich an vielen befestigten Burgen vorbei. Schließlich gelangte ich zu der Burg des Ritters, der gerade in der *ruhmreichen* Schlacht gefallen waren. Ich flog durch das Gebälk seiner Burg und bewunderte die wunderbare Gemeinschaft, die der Ritter in seinem Heim geschaffen hatte. Er hatte ein liebendes Weib und sechs Kinder, die ob der Kunde seines Todes weinten. Das taten auch all die anderen Menschen, die im Dienst des guten Ritters standen.

Ich flog zur Burg des gegnerischen Ritters. Zu meiner Überraschung hatte auch dieser eine ebenso wunderbare, jedoch völlig andere Gemeinschaft geschaffen. Auch die Menschen in der Burg dieses Ritters weinten und beklagten seinen Verlust.

Was für eine Verschwendung Krieg doch war! Diese zwei Ritter, die im Kampf gefallen waren, hatten nie miteinander gesprochen, sie wußten gar nicht, wieviel sie miteinander gemein hatten. Sie wußten nicht, wieviel sie voneinander hätten lernen können, noch wie sie vereint hätten stärker werden können.

Solange die Ritter einander nicht kannten, war es einfach für sie, Feinde zu sein. Es war einfach für sie, in ihren getrennten Welten zu bleiben. Es war einfach für sie, einander zu mißtrauen. Ihre kämpferische Vergangenheit hielt sie davon ab, zu sehen, daß sie voneinander profitieren konnten. *Distanz war die Mauer, die sie voneinander trennte und ihr Mißtrauen aufrecht erhielt.*

Ich war so betrübt von diesem Anblick, daß ich zu einem anderen Teil des Landes flog. Dieselben Muster wiederholten sich jedoch überall. Als ich zu den Burgen hinabflog, lauschte ich den Unterhaltungen der Menschen. Es war eindeutig, daß die Mauern den Horizont der Menschen einschränkten, genauso wie die Mauern meiner eigenen Burg den meinen begrenzten. Sie alle lebten auf derselben Insel, aber niemanden kümmerte das und *niemand profitierte davon.*«

»Was habt Ihr also aus Eurem Flug als Adler gelernt, Eure Hoheit?« fragte Jim.

»Ich lernte, daß Burgmauern künstliche Barrieren sind. Hoch oben in der Luft konnte ich sehen, daß es nur die Barrieren gibt, die wir in unseren Köpfen errichten. Wenn ich die Ritter über große Entfernungen hinweg vereinen wollte, würde ich ihre Denkweise – so wie meine – verändern müssen.

Zuerst mußte ich selbst daran glauben, daß Geographie keine Barriere ist. Dann mußte ich auch den Rittern helfen, zu erkennen, daß es keine Grenzen gibt. Ich mußte ihnen dabei helfen, eine neue Verbindung zu finden, die die Distanz zwischen ihnen überbrückte. *Diese neue Verbindung mußte jedem von ihnen um einiges mehr bieten, als sie ohne diese Verbindung hatten.*«

Trotz hochentwickelter Technologien hatte Jim geographische Entfernungen *immer* als Barriere empfunden. In seinem Unterbewußtsein hatte Jim sein Projektteam nie wirklich als *Team* betrachtet. Für ihn und viele andere Vorgesetzte in der Firma war Teamwork ein Phänomen, das sich mit den Worten »ein Dach – eine Firma« zusammenfassen ließ. Jim fühlte sich eher als Leiter von vielen verschiedenen Teams als von einem einzigen Projektteam, dessen Mitarbeiterstab die Welt umspannte. Im Grunde glaubten auch die anderen Mitglieder des Teams nicht, daß über die Entfernungen hinweg gute Ergebnisse erzielbar seien.

Jim versuchte die räumliche Entfernung wettzumachen, indem er einen sorgfältigen Projektplan entwickelte. Tatsächlich war der Plan so umfassend und detailliert, daß er exzellente Resultate weltweit garantieren sollte. Da gab es nur ein kleines Problem: der Plan funktionierte nicht. Ununterbrochen wurden Zielvorgaben verfehlt, Versprechen gebrochen und Telephongespräche viel zu spät beantwortet. Die Mitarbeiter des Teams waren mehr an Projekten und Ereignissen in ihrer unmittelbaren Umgebung interessiert als an Jims weltweitem Projekt.

Im Idealfall machten Artus' Worte natürlich Sinn. Burgmauern sind künstliche Barrieren. In einer Zeit der Globalisierung und Technologie sind auch die Mauern von Firmenniederlassungen und sogar von Konferenzräumen Barrieren.

Jim wußte allerdings, daß die *wirkliche* Welt weit von dem *Ideal* entfernt war, das Artus beschrieben hatte. Die Menschen im Jahr 2000 hatten eine Vielzahl von Werkzeugen zur Verfügung, um schnell und leicht über große Entfernungen hinweg zu kommunizieren. *Diese Werkzeuge waren sehr wichtig, aber eindeutig nicht genug, um die räumliche Distanz zu überbrücken und eine produktive Partnerschaft zu schaffen.* Jim mußte noch etwas anderes finden, um die Mitglieder seines weltweiten Projektteams wirklich zu vereinen.

Jim fragte Artus: »*Wie* habt Ihr die Ritter dazu gebracht, sich miteinander verbunden und als eine Gruppe zu sehen, Sire?«

Artus dachte einen Moment nach. »Ritter fühlen sich von Natur aus mehr den Bedürfnissen und Interessen ihrer eigenen Burgen verbunden, als denen einer Gruppe, die sich nur ab und zu zusammenfindet. Ich mußte also sehr erfinderisch sein, um klare und konkrete Wege zu finden, die Ritter auf einer anderen Ebene zusammenzuführen. Klare und konkrete Symbole mußten an Stelle des persönlichen Kontaktes treten, den die Ritter vermißten.

Es gibt zwei Schlüsselstrategien, die wichtig sind, um die Ritter und ihre Ziele trotz großer Entfernung miteinander zu verbinden. Zuerst mußte ich starke, sichtbare Symbole ihrer Verbindung schaffen. Das erste und wichtigste Symbol war, der Gruppe einen Namen zu geben – die Ritter der Tafelrunde.«

Jim warf darauf ein: »Ritter der Tafelrunde ist ein solch einprägsamer und trefflicher Name, Eure Majestät. Wie seid Ihr auf ihn gekommen?«

Artus sagte: »Eigentlich entstand der Name Ritter der Tafelrunde aus einem Zweikampf mit Sir Sagramore, kurz nachdem ich König geworden war.

Nachdem Excalibur mir das Recht gegeben hatte zu herrschen, erklärten mir einige Ritter sofort ihre Loyalität. Um die Loyalität der anderen Ritter zu gewinnen, bedurfte es allerdings viel größerer Anstrengungen. Ich hatte nicht den Ruf im Land, den einige andere Ritter hatten. Also mußte ich die Treue jedes ungläubigen Ritters in unzähligen Zweikämpfen gewinnen.

Der erste Ritter war Sir Sagramore. Ich forderte ihn auf, zu einem neuen Ritterorden beizutreten. In meiner überheblichen Sprache erklärte ich ihm, er könne teilhaben am Aufbau eines neuen Englands, das aufregend, anders und wunderbar sein würde. Seine Antwort bestand darin, meine Worte mit beißender Zunge und meinen Körper mit dem Schwert niederzuschmettern!

Ich wußte, daß mein Leben in Gefahr war und sprang schnell wieder auf. Dann kämpften Sagramore und ich mit Schwertern und Streitäxten. Der Kampf schien mir eine halbe Ewigkeit zu dauern. Unsere Fertigkeit im Kampf war ausgewogen, und jeder von uns gewann mehrmals die Oberhand.

In einem allerletzten Kraftakt nahm ich die ganze mir noch verbliebene Energie zusammen und versetzte Sagramore den entscheidenden Schlag. Mein Schwert streckte ihn sicher und endgültig zu Boden. Wir hatten jedoch so lange gekämpft, daß ich fast gleichzeitig mit ihm zu Boden ging.

Einige Minuten lang waren wir damit beschäftigt, nach Luft zu ringen. Wir waren zu erschöpft, um zu sprechen oder uns zu bewegen.

Schließlich, nachdem ich wieder zu Atem gekommen war, sagte ich zu ihm: ›Ihr habt große Kraft, Sir Sagramore. Ich bin noch nie auf einen Herausforderer von solcher Ausdauer und Geschicklichkeit getroffen. Ihr könnt Eure Stärken besser einsetzen als in Schlachten wie dieser. Ich möchte, daß Ihr Teil eines neuen Ritterordens werdet, den ich als König von England anführe. Wir werden auf eine neue Art kämpfen, die nicht unsere Stärken vernichtet.‹

Sagramore blickte mich scharf an, seine Augen waren gleichzeitig voll Wut und Hoffnung. Er sagte: ›Ihr verwendet so viele vage Worte! Ein *neuer* Ritterorden! Ich habe bedeutungslose Reden wie diese schon oft gehört! Heute habt Ihr mich im Kampf besiegt, *Sire*. Ich muß deshalb tun, was Ihr befehlt. Aber ich kann Euch nicht meine Treue schwören für etwas, das so vage und so wenig mit meinem eigenen Leben zu tun hat. Ich würde eher mein Leben hier und jetzt lassen, als es einer Sache zu widmen, die mich davon abhält für die Menschen in meiner Burg da zu sein!‹

›Sagramore hatte recht. Ich war viel zu vage. Er verlangte etwas Konkreteres und Greifbareres als ich ihm angeboten hatte. Die Gruppe brauchte einen Namen.

Als ich fieberhaft nach einem Namen suchte, kehrte ich in Gedanken zu dem Baum im Wald zurück, wo Merlin mich meine Lektionen gelehrt hatte. Manche der Lektionen erhielt ich an einem kleinen, runden Tisch, den Merlin zu diesem Zweck gebaut hatte. Merlin brachte berühmte Denker wie Platon und Aristoteles an diesen Tisch, damit sie mit mir sprachen und meinen Horizont erweiterten.

Es gab einen bestimmten Grund für die Kreisform des Tisches. Merlin erklärte mir, der Tisch sollte mich daran erinnern, in Kreisen zu denken und zu kommunizieren. ›Das Leben ist ein ewiger Kreislauf‹, pflegte er zu sagen.«

Jim dachte: »Erstaunlich. Meine Mutter, mein Vater und meine Lehrer verwenden 1400 Jahre später dieselben Worte! Und ich selbst habe etwas ganz Ähnliches zu meinen Kindern gesagt.«

Artus fuhr fort: »Mit diesem runden Tisch im Kopf rief ich: ›Sir Sagramore, ich möchte, daß Ihr ein Ritter der Tafelrunde werdet!‹

Bei diesen Worten setzte Sagramore sich auf und hob die Augenbrauen. Sein Gesichtsausdruck zeigte mir, daß ich seine Aufmerksamkeit geweckt hatte. Die Worte ließen mein Ansinnen und meinen neuen Ritterorden endlich konkreter erscheinen. Der Name machte etwas nicht Greifbares greifbar.«

Jim sagte: »Es ist also unerläßlich, einer Gruppe, die über große Entfernungen hinweg zusammenarbeitet, einen gemeinsamen Namen zu geben, der beschreibt, was sie ist und was sie tut.«

Artus antwortete: »Ja, Jim, aber das war nicht alles. Der Name mußte für das Leben der Ritter in ihren Burgen eine Bedeutung haben. Ein Ritter der Tafelrunde zu sein mußte ihnen dabei helfen, besser zu führen, mehr zu wissen und mehr zu erreichen.

Sagramore und ich sprachen ausführlich über die Tafelrunde. Ich machte ihm klar, was für eine Ehre es war, die Herausforderung dieses noblen Zieles anzunehmen und gemeinsam Camelot zu erschaffen. Ich war auf der Suche nach Menschen, die das Ziel, Camelot zu errichten, mit derselben Hingabe verfolgen würden wie ich. Camelot zu erschaffen sollte nicht nur mir und meinem Ruhm dienen. Es war ein Ziel, an dem die Ritter, ihr Gefolge und das englische Volk teilhaben sollten.«

Jim faßte zusammen: »Also war die Tafelrunde mehr als nur ein Name. *Ihr habt dadurch Prestige und Wertschätzung mit der Rolle der Ritter bei der Erschaffung von Camelot verbunden.*«

Als Artus dies bejahte, erkannte Jim, daß er sich selbst nie die Zeit genommen hatte, mit seinem Team die Wichtigkeit des Projektes und ihrer Rolle darin zu besprechen. Er hatte mit seinem Team weder über sein eigenes Engagement, noch über die große Bedeutung des Projekts für die Führungsebene des Unternehmens gesprochen. Er nahm sich vor, dies bei nächster Gelegenheit nachzuholen und signalisierte Artus, mit seiner Erzählung fortzufahren.

Artus sagte: »Dann fragte Sagramore: *›Welcher Nutzen entsteht mir daraus, ein Ritter der Tafelrunde zu sein?‹* Es stellte sich heraus, daß diese Frage einer der wichtigsten Faktoren sein würde, um mir die Hingabe zu sichern, die ich suchte.

Wenn ich die hingebungsvolle Unterstützung eines Ritters wünschte – egal ob nahe oder weit entfernt von mir –, mußte auch er von unserer Zusammenarbeit profitieren können. Wenn ich wollte, daß er auch in der Ferne *stets* mit seinem *ganzen* Herzen und *all* seiner Kraft arbeitete, mußte er eine tiefe und persönliche Hingabe empfinden. Nur *er* konnte die Voraussetzungen bestimmen, die ihn für die Tafelrunde gewinnen würden. Also fragte ich ihn: ›Was für einen Nutzen erwartet Ihr, Sir Sagramore?‹

Er antwortete: ›Ich möchte eine Führungsrolle übernehmen und etwas Bedeutendes beitragen. Ich möchte, daß Ihr mir die

Möglichkeit gebt, das zu tun. Obwohl sich meine Burg an diesem entlegenen Ort befindet, *möchte ich, daß Ihr mir zuhört und mein Wissen verwendet.* Wenn Ihr auf meine Loyalität und Hingabe zählen wollt, müßt Ihr mir etwas versprechen. Ihr dürft mir nicht vorschreiben, wie ich die Menschen in meiner Burg führen soll, und wie ich ihnen am besten dienen kann. Ich kenne mein Gefolge besser als Ihr es jemals könntet, weil *Ihr* weit von uns entfernt lebt. Hier erfülle ich Führungsaufgaben, und als Ritter der Tafelrunde möchte ich nicht weniger tun.‹

Schnell sagte ich: ›Ich bürge Euch für all diese Dinge, Sir Sagramore, *Ritter der Tafelrunde.*‹ Wir streiften unsere Handschuhe ab und besiegelten unseren Vertrag mit einem Handschlag.«

Jims Projektplan beinhaltete auch das Thema »Engagement«. Laut diesem Plan sollten sich die Mitarbeiter in erster Linie für ihr Team, dann für das Unternehmen und schließlich für ihre persönliche Rolle bei dem Projekt engagieren. Nun erkannte Jim, daß er die Prioritäten genau verkehrt gereiht hatte. Engagement auf der individuellen Ebene war von essentieller Bedeutung. Das weltweite Projekt würde nur dann erfolgreich sein, wenn die persönliche Hingabe jedes Mitarbeiters trotz seiner Isolation und der räumlichen Distanz zu den anderen Teammitgliedern aufrecht blieb.

Jim hatte die Mitglieder der Projektgruppe nie gefragt, welchen Nutzen sie von ihrer Mitarbeit erwarteten, noch hatte er versucht herauszufinden, welche Faktoren seine Mitarbeiter veranlassen würden, dem Projekt ihre Hingabe zu entziehen. Jim erkannte, daß er vielleicht eine Gelegenheit versäumt hatte, Ihre Loyalität und ihr Engagement für das Projekt, für das Team und für ihn selbst, als Leiter des Teams, zu stärken. Er beschloß, sich die Zeit zu nehmen, diese wichtigen Punkte mit jedem einzelnen Mitglied seines Teams zu besprechen. Jetzt aber wollte er Artus bezüglich einer dringlicheren Frage konsultieren.

Jim fragte: »Sir Sagramore sagte, er wolle eine *Führungsrolle* an der Tafelrunde. Wie kann eine Gruppe mit einem König mehr als nur einen Anführer haben?«

Artus antwortete: »Die Herausforderung, Camelot zu errichten, war enorm, Jim. Ich hatte genaue Vorstellungen von Camelot, aber ich wußte nicht alle Antworten. Ich konnte nicht alle Einzelheiten kennen. Ich verfügte nicht über alle Perspektiven. Und Sagramore hatte recht. Nicht nur die anderen Ritter, auch ich führte aus der Ferne.

Camelots *wirklicher* Ruhm beruhte auf den Taten und Führungsqualitäten jedes einzelnen Ritters. *Ihre* Ideen und *ihre* Perspektiven bereicherten Camelot und machten es groß. Erinnere Dich, Führung ist etwas, das ein König *für* seine Ritter tut. Was die Tafelrunde *für* die Ritter tat, war, ihnen zahllose Gelegenheiten zu geben, zu lernen, zu wachsen und ihre Führungsqualitäten zu beweisen. Es gab Ihnen die Chance, zusammenzuarbeiten und Vertrauen aufzubauen. *Als König konnte ich es mir nicht leisten, die Ideen irgendeines Ritters zu ignorieren.*

Es gibt jedoch noch einen anderen Aspekt, der sehr wichtig ist. Die Ritter sollten *nicht* als meine Untertanen zur Tafelrunde kommen. An der Tafelrunde war kein Platz für Untertanen. Dafür hatten wir zuviel zu tun. Wir mußten zu große Entfernungen überbrücken. Abgesehen davon ließen die großen Distanzen nicht zu, daß ich die Ritter überwachte, die über ganz England verstreut waren.

Camelots Erfolg verlangte Initiative und Ideenreichtum von jedem einzelnen Ritter. Ich brauchte Ritter mit solchen Führungsqualitäten, um Camelot in die Burgen von ganz England zu tragen. Ohne all das wäre Camelot weder erschaffen worden, noch zu solchem Ruhm gelangt!«

Jim warf darauf ein: »In meiner Zeit gibt es ein eigenes Konzept, das sich mit der Verteilung von Aufgaben und Verantwortung beschäftigt. Es heißt *Empowerment* und soll bewirken, daß der Anführer einer Gruppe seine Macht mit den anderen im Team teilt.

Es klingt, als wäret Ihr viel weiter gegangen. Ihr habt Eure Macht mit Euren Rittern geteilt, aber was noch viel wichtiger ist, *Ihr habt die Machtbasis Eurer Führungsposition geschaffen, indem Ihr die Macht jedes einzelnen Ritters verwendet habt, über die er als Herr seiner eigenen Burg bereits verfügte.*«

Artus antwortete: »Du hast eine schnelle Auffassungsgabe, Jim. Für den Erfolg von Camelot brauchte ich Anführer von Küste zu Küste. Kein Herrscher der Welt ist mächtig genug, noch klug genug, das alleine zu schaffen. Nicht einmal als König hatte ich genügend Macht zu verteilen, um Camelot wahr werden zu lassen. Meine Aufgabe als Anführer war es, die Macht und die Talente der Ritter zu sammeln, indem ich sie zu einem größeren Ziel vereinte.

Versteh' mich nicht falsch, Jim. *Als König hatte ich die größte Macht. Trotzdem vergrößerte ich meine Macht, indem ich die jedes einzelnen Ritters einsetzte – sooft ich konnte.* Wenn Du Deine Ritter als Anführer anerkennst, wirst Du sie – und ihre Ideen – ganz anders betrachten als die von Untergebenen. Und das werden auch sie tun.«

Jim hatte das Konzept eines Teams immer als eine Hierarchie von Vorgesetztem und Untergebenen gesehen. An Artus' Tafelrunde gab es keine Untergebenen. *Artus positionierte sich selbst als primus inter pares.* Die Tafelrunde war ein Team von Teamleitern, mit dem Ziel, die Energien der einzelnen Ritter zu kanalisieren, um Camelot gemeinsam zu erschaffen.

Jim warf ein: »Die Tafelrunde war also ein Tisch von Anführern, nicht Gefolgsleuten. Was für eine wundervolle Idee, Eure Majestät. Bitte erzählt mir mehr darüber, wie Ihr die Bande der Ritter der Tafelrunde gefestigt habt.«

Artus antwortete: »Da die Ritter meist in ihren eigenen Burgen lebten und selten nach Camelot reisten, brauchten wir Symbole, die uns an unsere Verbindung erinnerten. Beim ersten Treffen erhielt jeder Ritter einen Ring, der ihn als einen Ritter der Tafelrunde auswies.

Der Ring war ein Symbol für ihre wichtige Mission als Anführer. Der Ring erinnerte den Ritter, egal ob er in Camelot oder in seiner Burg war, an seine Verbindung mit den andern Rittern. Er war auch ein sichtbares Zeichen für alle anderen in England, daß die Ritter in ihrem Streben vereinigt waren.«

Jim wußte, daß seine Teammitglieder keine Ringe tragen würden, aber er verstand Artus' Botschaft. Symbole sind wichtig. *Da seine Projektgruppe keinen physischen Raum hatte, den sie miteinander teilte und in dem sie täglich arbeitete, brauchte sie etwas Greifbares und Symbolisches, das sie als zusammengehörige Gruppe identifizierte.*

»Als wir bei der Errichtung von Camelot bedeutende Fortschritte erzielten, erhielten die Ritter weitere sichtbare Symbole, um ihre Leistungen als Ritter gemeinsam zu feiern und zu belohnen. Nachdem wir wichtige Teile von Camelot fertiggestellt hatten, rief ich die Ritter an die Tafelrunde. Wir gratulierten einander zu unseren individuellen Erfolgen und denen der Gruppe. Und dann erhielt jeder Ritter ein weiteres Symbol, das für unseren gemeinsamen Erfolg stand.

Ich erinnere mich, daß ich ihnen einmal eine Decke gab, um ihre Pferde zu schmücken. Die Decke hatte das persönliche Wappen jedes Ritters auf der einen Seite und das Symbol der Tafelrunde auf der anderen. Der Punkt, an den Du Dich erinnern mußt, Jim, ist, daß die Ritter nicht einfach Geschenke von mir bekamen. Vielmehr erhielten sie *Symbole* ihrer Leistungen als Ritter der Tafelrunde.«

Jim faßte zusammen, was er gehört hatte. »Die Ritter der Tafelrunde begannen also mit einem Symbol, das sie als Gruppe identifizierte. Während sie zusammenarbeiteten, habt Ihr weitere Symbole ihrer Leistungen *in der Gruppe* hinzugefügt. Ihr habt absichtlich Symbole verwendet, die für die Ritter sichtbar waren, sei es in Camelot oder in ihren Burgen. Es war auch Eure Absicht, daß die Symbole für alle anderen in ganz England sichtbar waren.«

Artus nickte zustimmend und sagte: »Je mehr die Ritter gemeinsam als Ritter der Tafelrunde schufen, desto sichtbarer und unzertrennlicher wurden sie als Gruppe. All das war Teil meines Planes, sie zu vereinen.«

Jim wußte, daß er die Mitglieder seines Projektteams nicht zu einer Gruppe machen würde, indem er ihnen T-Shirts gab. Trotzdem gefiel ihm die Idee, seinem weltweiten Team einen Namen oder eine symbolische Identität zu geben, und auch die Idee, wichtige gemeinsame Leistungen mit zusätzlichen Teamsymbolen zu würdigen, sagte ihm zu. *Irgendwie verwandelten Symbole ein Team, das niemand sehen konnte, in eines, das eindeutig mit seinem Namen und seinen Leistungen identifizierbar war.*

Jim hatte klare Ziele und Abschnitte in seinen Projektplan eingebaut. Er würde nun etwas tun, um die Symbolik in seinem Team zu verstärken. Er beschloß, spezifische Belohnungen und Zeichen der Anerkennung in seinen Projektplan aufzunehmen, so daß alle Mitglieder des Teams weltweit ihren Erfolg gemeinsam feiern konnten.

Vor allem konnte Jim sehen, daß er Führungsqualitäten in rauhen Mengen brauchen würde, um sein Projekt zum Erfolg zu führen und daß er dafür auf das Potential seiner Mitarbeiter zurückgreifen mußte. Ihm gefiel die Idee, als Teamleiter primus inter pares zu sein und nicht der Chef von lauter Untergebenen.

Das große Turnier

Jim steckte noch eine Weile im Verkehr, bis er endlich die Unfallstelle passierte, die den Stau verursacht hatte. Nun konnte er den Weg zur Arbeit in normalem Tempo fortsetzen. Jim nahm das Gespräch mit Artus wieder auf: »Eure Majestät, alles was Ihr mir über die Tafelrunde erzählt habt, ist für mich von großem Nutzen. Ihr habt von Methoden und Vorgehensweisen gesprochen, die ich auch bei meinem Team anwenden kann.

Es gibt aber noch einen wichtigen Punkt, über den ich mit Euch sprechen möchte. Als Ihr die Ritter der Tafelrunde endlich versammelt hattet, wie habt Ihr es geschafft, daß sie miteinander sprachen und nicht miteinander kämpften? Die Tafelrunde ins Leben zu rufen ist eine Sache. Aber die Leute dazu zu bringen, miteinander zu reden, ist eine andere. Wie habt Ihr sie dazu bewegt, sich mit Worten und nicht mit ihren Schwertern zu verständigen?«

Artus antwortete: »Ich hatte dieselbe Sorge, als ich die erste Versammlung der Tafelrunde plante, Jim. Wenn ich die Ritter zu einer Gruppe vereinen wollte, war es nicht genug, sie an einen Tisch zu setzen. Ich wollte *wirkliche* Offenheit. Ich wollte *wirkliche* Gespräche. Ich wollte *wirkliche* Energie. Nichts davon würde sich einstellen, wenn ich nicht eine Atmosphäre schuf, in der Offenheit gedeihen konnte.

Die Ritter dazu zu bringen, offen miteinander zu sprechen, war eine meine schwierigsten Aufgaben. Ich möchte Dir von der Herausforderung erzählen, mit der ich bei der ersten Versammlung der Tafelrunde konfrontiert war.

Ungefähr sechzig Ritter aus ganz England kamen nach Camelot zum ersten Treffen der Tafelrunde. Sie erschienen in voller Rüstung samt ihren Schwertern. Am Beginn der Versammlung, die fünf Tage dauern sollte, war die Stimmung erwartungsvoll, aber auch sehr angespannt.

Jeder der Ritter stellte sich vor. Als Sir Lionel aufstand, um seinen Namen zu sagen, erhob sich ein anderer Ritter und sagte: ›Wie kann dieser Gesetzlose es wagen, sich an diese ehrenhafte Tafel zu setzen? Lionel ist ein Dieb und ein Mörder, der ohne gerechten Grund ein Bauerndorf überfallen und geplündert hat. Er hat nichts zu sagen, was ich hören möchte.‹

Lionel zog blitzschnell sein Schwert und forderte den anderen Ritter zum Zweikampf heraus. Er rief: ›Ihr seid ein Lügner, namenloser Ritter! Im Zweikampf könnt Ihr Eure Anschuldigungen beweisen! Gott wird entscheiden, wer im Recht ist!‹

Jim, wir hatten gerade erst begonnen, uns vorzustellen, als schon die erste Herausforderung zum Zweikampf fiel.

Mir wurde plötzlich klar, wie schwierig es sein würde, diese erste Versammlung zu leiten. Das Treffen hatte noch nicht einmal richtig angefangen, und die Ritter verfielen bereits in ihre alten Gewohnheiten – Kampf bis zum Tod. Diese beiden Ritter zogen eine scharfe Grenze für ihre Kommunikation und Zusammenarbeit, als sie die Schwerter zogen. In diesem Moment sah ich all meine Pläne und Bemühungen in einer gigantischen Schlacht untergehen.

Als meine Augen von einem Ritter zum anderen wanderten, spürte ich das unterschwellige Mißtrauen im Raum. Ich wußte, daß dieses Mißtrauen zum Teil aufgrund wahrer Geschehnisse, zum Teil aufgrund von Gerüchten und Geschichten entstanden war. Doch der Hauptgrund lag meiner Meinung nach darin, daß die Ritter einander noch nicht kannten.

Die Ritter fühlten sich *unwohl* miteinander. Mit ihren Schwertern und im Kampf fühlten sie sich hingegen *sehr wohl.* Das waren die einzigen Verhaltensmuster, die sie kannten.

In meiner Anspannung hielt ich Excalibur fest umklammert, und mir wurde klar, daß ich die Frage des Vertrauens nicht übergehen durfte. Also stand ich auf und sprang mit einem Satz auf den Tisch. Mit Excalibur in der Hand blieb ich in der Mitte der Tafel stehen. Ich rammte das Schwert in die Tischplatte und schritt rundherum, während ich sprach.«

Jim stellte sich eine riesige Tafel vor, die aus Segmenten aus verschiedenem Holz zusammengefügt war, und Artus' imposante Erscheinung, wie er in der Mitte der Tafelrunde stand.

»Erschrocken verstummten die Ritter. Ich sagte: ›*Ihr* seid die Ritter der Tafelrunde. Jeder von *euch* hat sich mit großen Taten das Recht verdient, an dieser Tafel zu sitzen. Jeder von *euch* hat seine Treue zu mir *und* zu unserer gemeinsamen Aufgabe geschworen.

Die meisten von euch kennen einander nicht. Jeder Ritter in diesem Saal kommt aus einem anderen Teil Englands. Jeder hat seine eigene, einzigartige Geschichte. Jeder spricht einen anderen Dialekt. Jeder, auch ich, hat Stärken, die die anderen nicht kennen. Jeder von uns hat seine Kämpfe ausgefochten. Manche von euch haben sogar schon gegeneinander gekämpft.

Von all den Dingen, die uns trennen, sind viele in unserer zerstörerischen Vergangenheit begründet. Und viele sind darin begründet, daß wir einander nicht kennen.‹

Dann sprach ich zu den Rittern über meinen Flug in Gestalt eines Vogels. Ich erzählte von meiner Suche mit Merlin nach *Ruhm*. Dann sagte ich ihnen: ›Der wahre Ruhm liegt in all dem, was ihr, als Ritter der Tafelrunde, gemeinsam schaffen könnt. Er liegt nicht länger in den Dingen, die euch trennen.‹

Ich nahm Excalibur und hielt das Heft in beiden Händen, so daß die scharfe Spitze zum Boden wies. Dann streckte ich meine Arme aus, um den Rittern die V-Form des Schwertes zu zeigen.

Ich drehte mich langsam und sprach mit großer Eindringlichkeit und Aufrichtigkeit: ›Ehrenwerte Ritter, seht das Schwert Excalibur, das ich in meinen Händen halte. Es ist schön. Es ist mächtig. Es ist gefährlich.

Doch keine dieser Eigenschaften wird uns dabei helfen, Camelot zu errichten. Excalibur verfügt über eine viel wichtigere Eigenschaft, die uns an unser Ziel führen wird. Es ist eine Botschaft, die ich schon viel früher in meinem Leben gelernt habe und die ich nun an Euch weitergeben werde.

Seht euch seine V-Form an. Das V steht für Vertrauen. Wenn wir gemeinsam erfolgreich sein wollen, müssen wir einander vertrauen. Jedesmal, wenn ich Excalibur ansehe, erinnert es mich an diese Botschaft. Sie leitet mich als König. Wenn wir als Ritter der Tafelrunde erfolgreich sein wollen, muß sie auch euch leiten. *Sie muß uns alle leiten.*‹

Es war völlig still im Saal. Ich wußte, daß ich den richtigen Weg eingeschlagen hatte, als ich die Frage des Vertrauens sofort angesprochen hatte. Ich sah jedem der Ritter an der Tafel in die Augen, einem nach dem anderen. Alle sahen mich an und warteten auf meine nächsten Worte.

Nach langem Schweigen sagte ich schließlich: ›Wir sitzen an dieser Tafel, um uns mit Worten zu verständigen, nicht mit Schwertern. Wir sind nicht als Feinde hier, sondern als ehrenwerte Ritter. Wir können in die Geschichte eingehen, aber nur wenn wir einander vertrauen.

Es gibt einen Grund, warum diese Tafel rund ist. Sie ist ein Symbol für den Ring, der uns verbindet. Und sie ist ein Symbol für den Kreislauf des Lebens und der Kommunikation – der Verständigung zwischen uns. Wenn wir respektiert werden wollen, müssen wir zuerst die anderen respektieren. Wenn wir Vertrauen wollen, müssen wir zuerst den anderen vertrauen. Wenn wir gehört werden wollen, müssen wir zuerst den anderen zuhören. Wenn wir sprechen wollen, müssen wir zuerst die anderen sprechen lassen.

An der Tafelrunde hat kein Ritter eine mächtigere Stimme als ein anderer. Ihr habt mein Wort als König, daß an dieser Tafel eure Ideen immer angehört und geschätzt werden. Ich erwarte dasselbe von jedem einzelnen von euch.‹

Die Ritter applaudierten! Dann standen sie auf und applaudierten weiter! Als es wieder still wurde, führte ich eine Zeremonie ein, mit der wir von nun an alle Versammlungen der Tafelrunde eröffneten. Diese Zeremonie sollte alle daran erinnern, daß die Tafelrunde einen Ort symbolisierte, an dem Ideen und Ideale anerkannt und geschätzt wurden.

Auf meinen Befehl hin griffen alle Ritter nach ihren Schwertern. Dann zog jeder sein Schwert und zeigte es symbolisch der Gruppe. Indem sie mir nachsprachen, erinnerten sie sich daran, daß sie ihre Schwerter ablegten, im Austausch für das Recht gehört zu werden.

Dann legten sie die Schwerter vor sich auf den Tisch. Das Heft des Schwertes sah zum Ritter, die Spitze war zur Mitte der Tafel gerichtet. Dieser Akt gemahnte jeden Ritter, sich auf eine Art und Weise zu verständigen, die allen Ideen und Personen am Tisch Respekt erwies. Wenn sich ein Ritter beleidigt fühlte, hob er das Schwert, aber nicht zum Kampf, sondern als Zeichen, daß die Verständigung nicht so offen und ehrlich war, wie sie sein sollte.«

Jim sagte: »Das Schwert diente also als Erinnerung an die blutige Vergangenheit, als keine echte Verständigung stattfand. Und nun wurde es auf unblutige Weise verwendet, um sicherzustellen, daß alle angehört und respektiert wurden. Richtig?«

»Ganz genau, Jim. Alle Ideen mußten angehört, überlegt und diskutiert werden. Ohne Offenheit wären wir bei der Errichtung von Camelot viel weniger erfolgreich gewesen.«

Hier unterbrach ihn Jim: »Alte Gewohnheiten sind für viele Menschen schwer abzulegen, Eure Majestät. Für Eure Ritter war das Kämpfen eine Art zu leben. In meiner Zeit ist der Kampf zwischen den Rittern der Marketingabteilung und der Forschungs- und Entwicklungsabteilung auch eine Art zu leben. Ich würde das gerne ändern.

Wie habt Ihr Eure Ritter dazu gebracht, nicht mehr miteinander zu kämpfen, sondern miteinander zu reden. Wie ist es Euch gelungen, einen Ort zu schaffen, an dem die Verständigung nicht mehr durch destruktive und unbegründete Kämpfe unterbrochen wurde?«

Artus antwortete: »Du hast recht damit, daß alte Angewohnheiten schwer abzulegen sind. Um zu überleben, mußten die Ritter ausgezeichnete Kämpfer sein. Ritter werden von Kindesbeinen an auf das Kämpfen vorbereitet.

In der friedlichen Atmosphäre der Tafelrunde vermißten die Ritter das körperliche Hochgefühl und die Herausforderung, die man in einem Kampf spürt. Ihr Potential an Toleranz und Offenheit war nicht grenzenlos.

Also beschlossen wir, einen Wettbewerb abzuhalten, den wir das große Turnier nannten. Das Turnier bot den Rittern die Möglichkeit, ihren Kampfgeist zu beweisen. Es gab ihnen die Gelegenheit, ihre Fähigkeiten zu erproben und ihr Können vor den anderen und vor der Welt unter Beweis zu stellen. Und was noch wichtiger war, es gab ihnen die Möglichkeit voneinander zu lernen und neue Wege zu finden, um ihre Qualifikation als Ritter der Tafelrunde zu verbessern.«

Jim erinnerte sich, daß er letzen Sommer beim Renaissance Festival in Atlanta ein Turnier gesehen hatte. Bei einer der Darbietungen hatten zwei Ritter in voller Rüstung miteinander gekämpft. Die beiden waren im Galopp aufeinander zugeritten, in der Hand eine Waffe, die Jim an einen Telephonmasten erinnert hatte. Beide waren von den Pferden gestürzt, als sie aufeinanderprallten, und einer wurde dabei so schwer verletzt, daß er von einem Krankenwagen abtransportiert werden mußte.

Jim sagte: »Aber Eure Majestät, Turniere sind gefährlich! Ihr meint, die Ritter veranstalteten diese Turniere zu Übungszwecken?«

Artus antwortete: »Ja, Jim. Turniere *sind* gefährlich. Aber die Ritter brauchten einen Ort, wo sie ihre Fähigkeiten messen und mehr übereinander lernen konnten. In den Kämpfen versuchten die Ritter einander zu töten und ihren Besitz zu mehren. Bei den Turnieren in Camelot hingegen konnten sie neue Fähigkeiten und Techniken voneinander lernen. Sie hatten die Möglichkeit, eine Menge Informationen auszutauschen.«

Eines der Probleme von Jims Team bestand darin, daß die Mitarbeiter nicht viel voneinander wußten, weder in technischer noch in *nicht* technischer Hinsicht. Da die entspannte Atmosphäre der Kaffeepausen wegfiel, hatten sie kaum Gelegenheit, zwanglos zusammenzutreffen oder um die Meinung oder den Rat der anderen zu bitten. Sie hatten kaum Zeit, sich über die Arbeit und die Erfolge der anderen zu informieren, weil sie angesichts der ständigen Rationalisierungsmaßnahmen um ihr eigenes Überleben kämpfen mußten.

Jim hatte das Gefühl, wenn sie *mehr* voneinander wüßten, würden sie auch über die großen Entfernungen hinweg besser kommunizieren. Also nahm Jim sich vor, eine Art elektronisches Turnier für sein Team zu veranstalten. Es mußte ja nicht auf Kampf ausgerichtet sein, wie bei Artus' Team. Doch er wollte eine Möglichkeit finden, wie die Leute mehr übereinander erfahren konnten. Vielleicht würde ein elektronisches Jahrbuch helfen, das die Leistungen, den beruflichen Hintergrund und die bevorzugten Arbeitsbereiche der einzelnen Mitglieder enthalten würde.

Jim dachte auch daran, eine informelle *Telephonkonferenz* einzuführen, die er das *Freitagsturnier* nennen würde. Jeder könnte bei dieser Gelegenheit seine Probleme auf den Tisch bringen und die anderen um Rat fragen. Jim nahm sich vor, mit seinem Team darüber zu sprechen.

Dann fragte er: »Inwiefern hat das Turnier dazu beigetragen, die Verständigung der Tafelrunde zu verbessern, Sire?«

Artus antwortete: »Durch das Turnier entstand eine lockere Atmosphäre, in der die Ritter gemeinsame Interessen und Erfahrungen entdecken konnten. Es gab ihnen die Möglichkeit, Techniken auszutauschen und eine Beziehung zueinander zu entwickeln. Die Freundschaften, die in dieser zwanglosen Zeit entstanden, trugen zum Reichtum und zur Produktivität von Camelot entscheidend bei. Es gestattete den Rittern, das Netz des Vertrauens zu knüpfen, das wir brauchten, um erfolgreich zu sein.«

Das Gespräch von König Artus und Jim wurde durch das Läuten von Jims Mobiltelephon unterbrochen. Bevor Jim zum Hörer griff, meinte er: »Das ist eine andere Technologie zur virtuellen Kommunikation, die Euch gefallen wird, Eure Majestät. Es wird Mobiltelephon genannt.«

Artus fiel auf, daß Jim immer wieder das Wort »virtuell« verwendete, und war neugierig, was es eigentlich bedeutete. Er nahm sich vor, Jim danach zu fragen. Im Moment beschränkte er sich allerdings darauf, seinem neuen Freund dabei zuzusehen, wie er mit einem seltsamen Kistchen sprach.

Jim entschuldigte sich für die Unterbrechung und meldete sich am Telephon. Es war Mauro, ein Teammitglied aus Italien. Jim begrüßte Mauro mit einem freundlichen *Buon Giorno! Come sta, signore?* Dann fragte er Mauro, ob es ihm etwas ausmachen würde, wenn er auf Lautsprecher umschaltete. Mauro hatte nichts dagegen, und so konnte Artus das Gespräch mithören.

Mauro hatte eine Idee, von der er Jim am Telephon kurz erzählen wollte. Mauro hatte seine Idee kaum erläutert, als Jim ihm schon entgegnete: »Ich freue mich, daß Sie mir Ihre Idee mitgeteilt haben, Mauro, aber wir haben das bereits in Erwägung gezogen.« Jim glaubte zu sehen, daß Artus bei diesen Worten eine Grimasse zog. Kurz danach war das Gespräch beendet, und Jim dankte Mauro für seinen Anruf. Er verabschiedete sich mit einem freundlichen *Arrivederci!* und legte auf.

Jim sagte: »Das war Mauro, Sire. Er ist ein Mitglied des Projektteams. Er lebt in Rom. Manchmal kommt er nach Atlanta, aber meistens telephonieren wir. Obwohl er an einem ganz anderen Ort ist, kann ich über das Telephon seine Stimme hören. Manchmal halten wir Videokonferenzen, bei denen ich sein Gesicht auf einem Bildschirm sehen kann. Ich werde Euch diese Technologien, die mein virtuelles Team zusammenhalten sollen, noch zeigen.«

Jims Beschreibung der virtuellen Kommunikation brachte Artus auf eine Idee. Mit seiner schnellen Auffassungsgabe sagte der König zu Jim: »Deine Ritter gehören also nicht zu einer greifbaren Tafelrunde, sondern zu einer *virtuellen* Tafelrunde!«

Jim mußte unwillkürlich lächeln und war sofort begeistert von dieser Idee. »Ja, Eure Majestät, das gefällt mir! Die *virtuelle* Tafelrunde!« Nun hatte er einen Begriff für all die Technologien gefunden, die es ihm ermöglichten, sich auch über große Entfernungen mit seinen Mitarbeitern zu treffen.

Jim stellte sich Artus' großartige Tafel noch einmal vor. Dann dachte er an die Special Effects in dem Film *Terminator 2* und sah vor seinem geistigen Auge, wie diese Tafel ihre moderne Form annahm. Die Verwandlung begann mit einem großen, flachen Tisch, an dem Ritter in voller Rüstung saßen. Sie endete mit einem dreidimensionalen Globus, der wie ein Hologramm aussah. Jims Ritter trugen moderne, bequeme Kleidung, saßen um den Globus und waren durch eine Vielzahl von Technologien miteinander verbunden.

Artus lächelte zufrieden, weil er einen Namen für ein Symbol der Kommunikation in Jims High-Tech-Ära gefunden hatte. Dann fragte er: »Wenn die Menschen an Deiner virtuellen Tafelrunde sitzen, Jim, haben sie das Recht, angehört zu werden, egal wo sie sitzen?«

»Aber natürlich, Eure Majestät. Ich höre mir ihre Ideen immer an.«

»Wenn Du an Mauros Stelle wärst, hättest Du das Gefühl, daß Deine Idee vor ein paar Minuten angehört wurde?«

»Nun, ja, ich habe ihm zugehört. Ich habe ihm nicht gesagt, daß die Gruppe, die an diesem Problem arbeitet, letzte Woche in Atlanta war. Die Mitglieder haben beschlossen, in eine andere Richtung zu gehen, als die, die Mauro vorgeschlagen hat. Ich wollte mich bei dem Gespräch mit Mauro nicht unnötig in Details ergehen. Also habe ich ihm nur Feedback gegeben, indem ich ihm sagte, daß seine Idee nicht funktionieren würde. Hätte ich mich anders verhalten sollen, Eure Majestät?«

Artus antwortete: »Deine Ritter möchten keine *Antwort* auf ihre Ideen. Sie möchten angehört werden. Sie möchten die Einzelheiten wissen, von denen Du nicht gesprochen hast. Mauro hat

Dich angerufen, weil er darauf vertraut, daß Du, als Leiter des Teams, ihm zuhörst. Er vertraut darauf, daß Du für seine Idee eintrittst. Er erwartet, daß alles, was er in Deine virtuelle Tafelrunde einbringt, respektiert wird.«

Fast entrüstet entgegnete Jim: »Ich kann nicht für Ideen *eintreten*, wenn ich nicht glaube, daß sie funktionieren, Eure Majestät. Mauro kannte nicht alle Fakten.«

Artus sagte: »Für eine Idee einzutreten bedeutet nicht, daß Du den Kampf *für* den Ritter austrägst. Deine Rolle als Anführer besteht darin, dem Ritter alle Informationen zu liefern, die er braucht, um den Kampf selbst auszufechten. In seiner Isolation verfügt er nicht über all die Fakten, die Du kennst. Und Du kennst nicht alle seine Informationen. Er vertraut darauf, daß Du Deine Perspektive erläuterst oder seine Idee in die Tat umsetzt. Wenn Du das nicht tust, brichst Du sein Vertrauen.

Mauro hätte die Einzelheiten erfahren müssen, die Du kennst, aber nicht weitergegeben hast. Dann hätte er sich selbst entscheiden können, entweder nicht für seine Idee zu kämpfen oder sich weiter dafür einzusetzen. Er wollte nicht, daß sein Kampf bei Dir endet. Er wollte, daß sein Vorschlag in der virtuellen Tafelrunde ein *Anfang* ist.

Wenn Du Dich für seine Idee einsetzt, wirst Du sein Vertrauen gewinnen. Dieser Ritter wird noch härter für Dich arbeiten, egal ob er in seiner Burg oder in Camelot ist. Wenn Du Dich nicht für seine Idee einsetzt oder interessierst, wird er sich machtlos fühlen. Dann wird er sich einen anderen Ort suchen, wo er sich mächtiger fühlt. Er wird sich in seine Burg zurückziehen und möglicherweise versuchen, Deine zu zerstören.«

Jim ging bei diesen Worten ein Licht auf. Plötzlich erkannte er, daß er etliche Male Ideen abgewürgt hatte, ohne sich dessen bewußt gewesen zu sein. Eine seiner wichtigsten Führungsaufgaben an der virtuellen Tafelrunde war es, Vertrauen aufzubauen, damit die Kommunikation offen und ehrlich verlaufen konnte. Nun wurde im klar, daß er ein gutes Stück Arbeit vor sich hatte.

»Sie meinen also, Sire, daß ich offen und aufgeschlossen für die Ideen sein muß, die meine Ritter an der virtuellen Tafelrunde präsentieren. Mein Team vertraut darauf, daß ich es über die Einzelheiten informiere, die es nicht kennt. Ich weiß jetzt auch, daß ich Mauro mit Hilfe der Instrumente der virtuellen Tafelrunde von Anfang an in das Meeting einbeziehen hätte sollen.«

»Ja, Jim, *jede Idee, die an der virtuellen Tafelrunde präsentiert wird, muß auf eine Weise aufgenommen werden, die dem Ritter, der sie vorgebracht hat, fair erscheint*«, antwortete Artus.

Jim fuhr auf den Parkplatz vor seinem Büro. Er hatte einen Termin und wußte, daß er das Gespräch mit Artus leider bald beenden mußte.

Er dachte noch einmal kurz über Artus' Anregungen bezüglich der Offenheit in der Tafelrunde nach und sagte: »Ich werde Mauro zurückrufen, Eure Majestät. Ich weiß jetzt, daß wir noch einiges zu besprechen haben.

Ich habe immer geglaubt, daß ich, als Leiter des Teams, alle Antworten kennen sollte. Ich dachte, es sei Teil meines Jobs, Entscheidungen zu treffen. Das ist ein Grund, warum ich Mauro so schnell geantwortet habe.

Ihr habt mir geholfen zu erkennen, daß ich durch die Isolation der Entfernung nicht alles sehen kann, was Mauro sieht. Und er kann nicht alles sehen, was ich sehe. Keiner von uns beiden hat all die Informationen, die wir brauchen, um eine fundierte Entscheidung zu treffen. Deshalb müssen wir denen, die außerhalb unserer Sichtweite sind, mehr Aufmerksamkeit zukommen lassen.«

Artur nickte. »Ja, Jim. Den anderen einzubeziehen und aufgeschlossen zu sein hilft euch beiden, das zu sehen, was ihr durch die Entfernung nicht sehen könnt. Und es fördert das Vertrauen und das Engagement, was doch eine großartige Belohnung für gute Kommunikation ist.«

Jim wollte schnell noch einen Punkt klären, bevor er die Unterhaltung mit Artus abschloß. »Sire, die Ritter der Tafelrunde in Camelot zu versammeln, muß sehr viel Mühe und Geld gekostet haben. Das Budget, das ich für Reisen zur Verfügung habe, wurde gerade um fünfundzwanzig Prozent gekürzt. Ich weiß nicht, wie wichtig Reisen für das Vertrauen sind, das mein Team aufbauen muß.«

Artus antwortete: »*Die Reise nach Camelot zu unserer ersten Versammlung war die teuerste, aber auch die wichtigste Investition, die ich gemacht habe.* Ohne die Möglichkeit, einander zuerst von Angesicht zu Angesicht zu treffen, hätte den Rittern das Vertrauen gefehlt. Und ohne Vertrauen wäre Camelot gescheitert.

Bei diesem ersten Treffen konnten die Ritter Gemeinsamkeiten entdecken, die notwendig waren, um eine Beziehung aufzubauen. Ich bat sie, an der Tafelrunde ihre Ideen vorzubringen, wie Camelot aussehen sollte. Das half uns, das Ergebnis herauszukristallisieren, das wir nur gemeinsam schaffen konnten, und nicht jeder für sich. Während die Ritter darüber sprachen und ihre Vorstellungen austauschten, entstand ein sehr klares Bild von Camelot, mit dem sich alle identifizieren konnten.

Offen gesagt, Jim, wenn ich nicht das Geld aufgebracht hätte, um die Ritter am Anfang nach Camelot zu holen, hätten wir niemals einen so wunderbaren Ort bauen können. Der Traum von Camelot hätte nur in meiner Phantasie existiert, und niemand anderer hätte daran Freude gehabt, außer ich selbst.«

Damit war alles klar. Jim würde in das Büro seines Chefs marschieren und darum kämpfen, daß sein Reisebudget nicht gekürzt wird. Er hatte das Gefühl, daß die Reisen, die durch die Kürzung wegfallen mußten, seinem Team fehlten. Die Teammitglieder besuchten einander zwar immer wieder, aber bisher hatte sich das gesamte Team noch nie an einem Ort persönlich getroffen. Jim wurde klar, daß die einzige wirkungsvolle Kommunikation, die über die Entfernung zustande kam, zwischen jenen Mitarbeitern stattfand, die einander früher persönlich kennengelernt hatten.

Widerstrebend verabschiedete sich Jim von Artus. Jim nahm seinen Aktenkoffer, stieg aus dem Auto und sperrte die Tür ab.

Als er zum Büro ging, mußte er laut lachen, denn er dachte daran, was er seinem Chef antworten würde, wenn der ihn fragte: »Warum sind Sie so sicher, daß Reisen wichtig ist?«

»Weil König Artus gesagt hat, daß es für die Ritter meiner virtuellen Tafelrunde unerläßlich ist.«

Camelot

Vier Tage später fuhr Jim nach der Arbeit zum Evergreen Conference Center, wo sein Unternehmen in einem der großen Innenhöfe ein Barbecue veranstaltete. Jim ging vor allem auf dieses Fest, um sich mit seinem Chef zu unterhalten. Auf Jims Bitte hatte sein Chef Geld aufgestellt, um ein Treffen des internationalen Projektteams zu finanzieren. Jim verbrachte ungefähr eine halbe Stunde damit, seinem Chef für die Unterstützung zu danken und über seine Pläne für das Treffen zu sprechen.

Nachdem er höflichkeitshalber noch ein paar andere Leute begrüßt hatte, verdrückte sich Jim in die Garderobe des Fitneßcenters und zog seine Joggingsachen an. Er packte einen kleinen Spiegel, die Zaubermünze und seine Autoschlüssel in eine Gürteltasche und joggte aus dem Haupteingang des Konferenzzentrums.

Jim kannte die Joggingroute zwischen dem Center und Stone Mountain. Es war eine seiner Lieblingsrouten, und er war hier schon einige Male gejoggt. Er hatte es immer genossen, zwischen den hohen Bäumen zu laufen, weil es ihm ein Gefühl der Bescheidenheit und gleichzeitig der Verbundenheit mit der Natur gab. Vor Jahren hatte Jim zufällig einen verborgenen Pfad entdeckt, der zu einer abgeschiedenen Lichtung tief im Wald führte. Jim liebte die Einsamkeit in diesem Teil des Waldes. Er kam oft hierher und verbrachte den ganzen Tag damit, ein Buch zu lesen, ohne irgend jemand anderen zu treffen. Heute würde er Artus hierher bringen.

Als er an der Lichtung angekommen war, fand er einen Stein, auf den er den Spiegel legen konnte. Das saftige, weiche Gras, das rings um den Stein wuchs, lud Jim ein, sich hinzusetzen und die Kühle und Ruhe der Abenddämmerung zu genießen. Jim nahm den Spiegel aus der Tasche und legte ihn auf den Stein. Dann verwendete er die Münze, um sich mit Artus in Verbindung zu setzen.

Die Szenerie hinter Artus war eine andere als die letzten beiden Male. Auf einer Lichtung auf der Kuppe eines Hügels stand die Burg von Camelot. Sie war diesmal viel näher, und Jim konnte die Burg genau erkennen.

Drei graue Türme streckten sich gen Himmel, als ob sie die tiefen, grauen Wolken berühren wollten, die den Himmel verhängten. Die Burg hatte keine Fenster, abgesehen von einer kleinen Öffnung im obersten Teil des höchsten Turmes.

In diesem Moment schien die Burg völlig ohne Leben. Keine Pferde trabten hinein oder kamen aus dem Haupttor. Keine Menschen bewegten sich drinnen oder draußen. Abgesehen vom Regen, den Vögeln und Artus war in der Szene aus Artus' Welt kein Leben zu sehen.

»Mein Herr, über Eure Schulter kann ich eine herrliche Burg im Hintergrund sehen. Ist das Camelot?« fragte Jim.

Er konnte den Regen hören, der sacht auf die Blätter in Artus' Welt fiel. »Ja«, erwiderte Artus, »es ist die Burg von Camelot.«

Artus drehte sich um und blickte zur Burg. Einen Moment lang starrte er sie an, und sein Geist war von anderen Momenten, anderen Zeiten erfüllt, in denen Camelot wie eine Rose im Frühling gewachsen war und geblüht hatte. Im selben Augenblick erinnerte sich Artus an die Zeit, als Camelot nicht mehr als ein Traum gewesen war. Er erinnerte sich an die Zeit, als die Wiese nur eine Wiese gewesen war, nicht eine Wiese, auf der ein Traum stand, der wahr geworden war.

Der Schmerz und die Freude in Artus' Herz spiegelten sich in seinem Gesicht wider, als er sich zu Jim zurückdrehte. Artus sagte: »Heute morgen hast Du mich gefragt, was die Ritter über die Entfernungen hinweg zusammengehalten hat. Die Tafelrunde war ein entscheidender Teil. Aber sie war nur ein Teil des Ganzen.«

Bei seinem nächsten Satz sprach Artus langsamer. Jedes Wort zeigte seine Leidenschaft für die Bedeutung dieses Satzes. »Der Traum von Camelot war ein anderer.«

Dann setzte er mit normaler Stimme fort: »Sowohl die Tafelrunde als auch der Traum von Camelot waren notwendig, um die Ritter zu vereinen. Das eine hätte ohne das andere nicht bestehen können.«

Plötzlich richtete sich Artus' Aufmerksamkeit auf Jim. Er war neugierig, wie Jim die Burg sah. Er fragte: »Wenn Du diese Burg ansiehst, Jim, was siehst Du dann?«

Jim antwortete: »Ich sehe eine wunderschöne Burg, Eure Majestät. Sie ist sehr groß und sieht so aus, als könnten viele Menschen darin leben. Es muß viele Menschen mit außerordentlichen Fähigkeiten gebraucht haben, um sie zu errichten. Es sieht so aus, als hätte man einen phantastischen Ausblick auf die Landschaft von England. Und in einem Krieg bot sie den Bewohnern sicher Schutz vor Feinden, Sire«, antwortete Jim so aufrichtig er konnte.

Für einen Augenblick stand Artus still da und versuchte all seine tiefen Gefühle zu verarbeiten. Die Worte, mit denen Jim Camelot beschrieben hatte, waren ganz andere, als die, die Artus gewählt hätte.

Schließlich sagte er: »Es ist erstaunlich, wie verschieden wir dieselbe Sache sehen, Jim. Ich verstehe Deine Sicht, und alles, was Du gesagt hast, stimmt. Aber ein wesentlicher Aspekt fehlt, mein Freund. Ich und alle, die in meiner Zeit leben, sehen einen Teil von Camelot, den Du nicht wahrnehmen kannst. Dieser wesentliche Aspekt ist das, was Camelot sein Leben gegeben und Menschen aus ganz England dazu bewegt hat, zu seinem fruchtbaren Wachstum beitragen zu wollen.«

Jim war verwirrt. Artus' Worte beinhalteten eine Bedeutung, die Jim noch verschlossen war. »Ich verstehe nicht, Sire. *Was* gab Camelot sein Leben?« fragte Jim.

Artus antwortete: »Für mich haben Deine Worte ein materielles Gebilde, ein Objekt beschrieben – und das ist die Burg von Camelot auch. Das *wahre* Camelot jedoch, mein Freund, hat nichts mit einem Objekt zu tun. Es geht um den menschlichen Geist. Die Vision von Camelot hat den menschlichen Geist inspiriert, und das hat Camelot sein Leben gegeben.«

Artus setzte sich nieder und setzte seine Geschichte fort: »Das *wahre* Camelot, Jim, ist ein warmer, schöner Ort, wo die Menschheit etwas Wundervolles für sich selbst schafft. Es ist ein Ort, der das Potential der Menschen freisetzt, gemeinsam etwas Neues und Bedeutendes zu schaffen. Es ist ein gigantischer Schritt nach vorne, und es ist ein Schritt, den jeder tun möchte.

Wenn *ich* die Burg von Camelot ansehe, sehe ich daher den menschlichen Aspekt, nicht die Steine und den Mörtel. Es war der menschliche Teil – der *menschliche* Geist – der sie geschaffen, erbaut und groß gemacht hat. Es war der *menschliche* Teil, der die Ritter aus den entlegensten Winkeln des Landes miteinander verbunden hat. Es war der *menschliche* Teil, der die Ritter motiviert hat, in den Monaten, in denen sie jeder für sich von ihren Burgen aus arbeiteten. Und es liegt an dem *menschlichen* Teil, der jetzt fehlt, daß die Burg so öde und still wirkt. Es ist der fehlende menschliche Geist, der Camelot sein Leben nimmt.«

Immer, wenn Jim die Legende von König Artus gehört hatte, dachte er bei Camelot einfach an eine Burg, ein Gebäude. Es war ihm nie in den Sinn gekommen, daß Gefühle eine so große Rolle bei seiner Erschaffung gespielt hatten. Er war völlig überrascht, wie tief und stark die Gefühle waren, die Artus mit Camelot verband.

Diese Gedanken veranlaßten Jim zu einer Frage: »Im Jahr 2000, Eure Majestät, handeln wir nach dem Grundsatz: *Geschäft ist Geschäft*. Mein Projektplan umfaßt eine Liste von Zielen, Aufgaben und Fristen. Für mich und für die meisten Leute, die ich kenne, ist es sehr unprofessionell und unangenehm, wenn Gefühle im Geschäft eine Rolle spielen. Ich möchte unbedingt mehr über die emotionelle Seite bei der Erschaffung von Camelot wissen.«

Artus antwortete: »In meiner Zeit, Jim, gibt es viele Leute, die eine sehr schöne Burg planen und erbauen können. Sie können starke Mauern errichten, um Feinde und Eindringlinge abzuhalten. Wäre Camelot nur ein Gebäude – eine Arbeit, die erledigt werden mußte –, dann wäre es einfach nur eine weitere Burg auf einem Hügel. Es wäre ein Ort, der nur zum Vergnügen des Königs erbaut wurde.

Gott sei Dank war Camelot kein so leerer Ort. Camelot zog die besten Köpfe, die Kreativität und den Ideenreichtum von Rittern im ganzen Land an. Von Küste zu Küste schlossen sich Menschen zusammen, nicht um ein Gebäude zu errichten, sondern um gemeinsam etwas Außergewöhnliches zu tun, das dem ganzen Land zugute kommen würde.

Camelot beruhte auf einem guten Plan, Jim. Es zog die besten Menschen aus ganz England an. Was die Ritter zu außerordentlichen Leistungen anspornte, war aber nicht der Plan alleine. Es waren die Menschen. Vom ersten Stein seines Fundaments wurde Camelot *von* Herzen, *mit* Herz gebaut.«

Jim sagte: »Wenn ich an Ritter denke, stelle ich mir tapfere Männer vor, die nicht nach ihrem Herzen handeln. Ich bin überrascht zu hören, wie wichtig der menschliche Aspekt für Euch und Eure Ritter offensichtlich war, Eure Majestät.«

Artus erwiderte: »Auch ich habe lange Zeit geglaubt, daß Ritter keine Gefühle haben, Jim. Jahrelang bekämpften sie einander, nur um zu töten – oder zu überleben. Ich hatte unrecht. Ich begann, meine falsche Annahme zu erkennen, als ich die Loyalität von Sir Dinadan gewinnen mußte, dem ersten Ritter, der sich mir, als dem neuen König von England, widersetzte.

Als ich König wurde, erkannten mich nur jene Menschen sofort als König an, die dabei waren, als ich Excalibur aus dem Felsen zog. Die Nachricht von diesem Ereignis brauchte jedoch länger als ich selbst, um in alle Teile Englands zu gelangen.

Drei Tage später reisten zwei Knappen und ich in den Norden, wo ich Sir Dinadan traf. Er reiste mit zwei Knappen in die entgegengesetzte Richtung, um seine Besitztümer zu inspizieren. Dinadan behauptete, ich wäre in sein Land eingedrungen. In jenen Tagen galt der Grundsatz ›Macht ist Recht‹ und er forderte mich für mein Eindringen zum Zweikampf heraus. Er glaubte mir nicht, daß ich der König war. Abgesehen davon sagte er mir, daß er keinem König je die Treue geschworen hatte, also würde es keinen Unterschied machen, selbst wenn ich der König wäre.

Ich wollte nicht kämpfen, aber Dinadan ließ nicht locker. Der Ehrenkodex schrieb vor, daß ich die Waffen auszuwählen hatte, und ich entschied mich für die Lanze. Im ersten Durchgang warfen wir einander von den Pferden. Der Zusammenprall war so hart, daß unsere beiden Lanzen zerbrachen.

Bei der Wahl der nächsten Waffe mußte er wieder meinem Beispiel folgen. Ich zog das Schwert Excalibur aus dem Sattel. Er zog sein Schwert. Wir kämpften nur wenige Augenblicke, bevor ich ihn zu Boden schlug. Ich ging zu Dinadan, mit Excalibur in der Hand, und stand über seinem wehrlosen, verwundeten Körper.

Gleich am Anfang des Kampfes hatte ich ihm das Visier seines Helmes weggeschlagen, und so konnte ich sein wütendes Gesicht sehen. Mit zorniger Stimme rief er mir zu: ›Tötet mich, *angeblicher König*, und tut es schnell! Rammt Euer Schwert in meine Kehle. Ich werde nicht zucken und meine Ehre bis zum letzten Atemzug behalten.‹

Einen Augenblick stand ich einfach nur da. Mein aufrechter Körper erhob sich über seinem liegenden wie ein Turm über einem gefällten Baum. Mein schwerer Stiefel drückte seine Schulter zu Boden, während ich die Spitze meines Schwertes an seinen Hals hielt.

›Wie ist Euer Name, Ritter?‹ fragte ich.

›Sir Dinadan. Sir Dinadan von Darby. Nun, da Ihr meinen Namen kennt, wartet nicht länger. Ich bin bereit zu sterben! Ich habe genug von meinem Leben, in dem ich so viele andere getötet habe. Ich möchte *dieses* Leben beenden, um im Himmel besseres zu leisten. *Ich möchte in Ehren sterben.*‹

Er wiederholte diese Sätze noch mehrere Male, während ich über ihm stand und versuchte, eine Entscheidung zu treffen. Soll ich das tun, was alle Könige vor mir taten und das Opfer töten? Oder wähle ich einen anderen Weg?

Ich erinnere mich, daß ich schwer atmete und gleichzeitig große Macht und großen Schmerz fühlte. Ich starrte in seine Augen. Doch aus irgend einem Grund war ich wie gelähmt und konnte das Schwert nicht in seinen Hals stoßen, wie der besiegte Ritter es verlangte.

Dinadans Augen baten mich, nicht länger zu warten. Sein zitternder Körper wartete auf den letzten Stoß seines Bezwingers, der ihn in die Ewigkeit schicken würde. Nach einem Moment eisiger Stille, die alle Gedanken in meinem Kopf ausschaltete, antwortete ich ihm: ›*Nein!*‹

Dinadan war außer sich vor Wut. ›*Nein!* Wie könnt Ihr *Nein* sagen! Die Ritterlichkeit befiehlt, daß Ihr mich tötet!‹ schrie er, zornig über das Dilemma, in das ich, ein Fremder, ihn stürzte.

Ich nahm meinen Fuß von seiner Schulter und schob Excalibur zurück in den Schaft. Mit einer schnellen Bewegung schob ich mein Visier zurück, so daß er mein Gesicht sehen konnte, während ich sprach.

Dann sah ich Dinadan direkt in die Augen und sagte: ›Der Tod bringt keine Ehre, Dinadan. Zerstörung birgt keine Belohnung. Ich möchte, daß Ihr Euch mir anschließt, Sir Dinadan. Ich möchte, daß Ihr gemeinsam mit mir daran arbeitet, dieses verzweifelte Leben zu ändern! Ich möchte, daß Ihr mir helft, eine neue Welt des Friedens und der Schaffensfreude in Camelot zu errichten. Camelot wird als Symbol dienen, um eine neue Ära einzuleiten, unter mir, Eurem neuen König – König Artus von Camelot.‹

Dinadan war verwirrt. Er setzte sich halb auf und stützte sich auf die Ellbogen. Plötzlich erkannte er das Schwert Excalibur, das er selbst einige Monate zuvor nicht aus dem Felsen zu ziehen im Stande gewesen war. Er wußte, daß dazu nur ein großer König fähig war. Jetzt wußte er auch, daß es sich bei seinem Bezwinger tatsächlich um den *König von England* handelte!

So schnell, wie ein Ritter sich in seiner schweren Rüstung bewegen kann, versuchte er auf die Beine zu kommen, um vor seinem König zu knien. Doch wie eine Schildkröte auf dem Rücken konnte er nur hin und her rollen. Ich streckte die Hand aus, und als er sie ergriff, wußte ich, daß er sich mir anschließen würde.

Nun, Jim, glaubst Du, daß das Leben eines Ritters frei von Gefühlen ist?« fragte Artus.

Jim antwortete: »Nein, Eure Majestät. Durch Eure Geschichte verstehe ich, daß zum Dasein eines Ritters viele emotionale Aspekte gehörten. Es ging weit darüber hinaus, mit Schwertern, Messern und Äxten kämpfen zu können. Der Einsatz seiner Fähigkeiten im Kampf hat mit Gefühlen zu tun. Der Kampf auf Leben und Tod hat mit Gefühlen zu tun. Sieg und Niederlage haben mit Gefühlen zu tun. Ich habe sie nur nie gesehen.

Die Geschichte, die Ihr mir erzählt habt, erinnert mich daran, daß die High-Tech-Ritter meiner virtuellen Tafelrunde auch einen emotionalen Kern haben. Das Erreichen technischer Spitzenleistungen hat mit Gefühlen zu tun. Die Mitarbeit an einem erfolgreichen Projekt hat mit Gefühlen zu tun. Scheitern hat mit Gefühlen zu tun. Auch wenn wir im Geschäft nicht davon sprechen, muß ich, als Leiter des Teams, wissen, daß Gefühle existieren. Und ich muß lernen, wie ich diese emotionale Basis erreichen kann.«

Artus sagte: »Die Ritter der Tafelrunde hätten niemals zugegeben, daß sie eine emotionale Bindung spürten. Es war einfach nicht *ritterlich*, über Gefühle zu sprechen. Was wichtig ist, Jim, ist die Tatsache, daß *Gefühle vorhanden sind.* Es kann einer Deiner wichtigsten Trümpfe bei der Schaffung Deines Camelots sein, wenn Du, als Anführer, die positive Seite dieser Gefühle freisetzen kannst. Diese Gefühle am Leben zu erhalten, wenn Deine Ritter weit entfernt von Dir sind, wird eine Deiner größten Aufgaben sein.

Mein Kampf, um Dinadans Treue zu mir und Camelot zu gewinnen, hatte noch einen anderen wichtigen Aspekt – Einbeziehung. Die emotionale Bindung kann durch Einbeziehung und

Teilnahme aufrechterhalten und verstärkt werden. Wenn ich Dir erzähle, was als nächstes passierte, wirst Du verstehen, was ich meine.

Dinadan und ich schlugen gemeinsam unser Lager am Fuße eines grasbewachsenen Hügels auf. Wir banden die Pferde an einem Ast eines alten Baumes fest, der so riesig war, daß dreihundert Menschen unter seinen Zweigen Platz gefunden hätten. In dieser Nacht trübte keine Wolke den Himmel, der von Millionen leuchtender Sterne erhellt war. Manche Sterne standen so dicht beisammen, als würden sie dort oben im Universum ihre eigenen Wolken bilden. Die Natur ist so wunderbar!

Der grenzenlose Himmel erinnerte den Ritter und mich an die grenzenlosen Fähigkeiten des Menschen. Dinadan und ich sprachen zwei Tage darüber, wie Camelot aussehen sollte. Bevor ich Dinadan begegnet war, hatte ich meinen eigenen Traum von Camelot gehabt. Durch Dinadans Ideen wurde der Traum noch schöner und aufregender. Je mehr Ideen er beisteuerte, desto stärker wurde seine Bindung zu Camelot.

In jener Unterhaltung haben Dinadan und ich keine Burg beschrieben. Wir beschrieben ein Symbol für eine Lebensweise, die sich auf ganz England ausbreiten sollte. Und er sah sich selbst als Teil dieses großen Abenteuers.

Der Grund, warum ich Dir diese Geschichte erzähle, ist, daß auch Dinadan wollte, daß Camelot Realität wird. Unsere Gespräche pflanzten den Samen für seine persönliche Bindung zu Camelot. Nach zwei Tagen hatten unsere Unterhaltungen Camelot in einen Traum verwandelt, der für uns beide noch faszinierender war. Camelot war nicht länger eine Möglichkeit. Wir *mußten* den Traum einfach wahr werden lassen.

Ich wußte, daß ich, um den Erfolg von Camelot zu sichern, eine so starke Bindung bei ihm und den anderen Rittern aufbauen mußte, daß sie auch ohne mein Zutun weiterbestehen würde. *Wenn Camelot ein Erfolg werden sollte, mußte Dinadans Bindung so stark sein, daß sie auch aufrecht blieb und sogar wuchs, wenn er weit entfernt von mir war. Eine solche Bindung ist eine solide emotionale Grundlage.* Es mußte ihm einfach wichtig genug sein, um daran festzuhalten, auch ohne den Einfluß der anderen Ritter oder mich, der die meiste Zeit weit von ihm entfernt sein würde.

Dieses Treffen fand vor fast zwanzig Jahren genau an diesem Ort statt«, sagte Artus und zeigte auf den Boden unter seinen Füßen. Er drehte den Oberkörper, um zur Burg zu sehen und sagte: »Sieh, dort hinter mir. Dieses Gebäude ist die Verkörperung von vielen der Ideen, über die Dinadan und ich vor zwanzig Jahren gesprochen haben.«

Die Geschichte jagte Jim einen Schauer über den Rücken. Irgendwie wünschte er, er hätte Sir Dinadan sein können, denn er wußte, daß er es genossen hätte, mit seinem königlichen Freund zusammenzuarbeiten. Als Artus schwieg, fragte Jim: »Eure Majestät, dann habt Ihr also Camelot nicht alleine geschaffen?«

»Oh nein, Jim. Ich hatte eine Idee für Camelot. Ich setzte mich dafür ein, daß sie wahr wurde. Aber ich wußte nicht alle Antworten. Noch wußte ich alle Fragen, die gestellt werden mußten. Es war klar, daß ich Camelot nicht alleine erschaffen konnte.

Meine Gespräche mit Dinadan lehrten mich, daß die Ritter auch ein Teil seiner Erschaffung sein mußten, wenn sich eine Bindung entwickeln sollte. Ich kannte nun den Weg, wie ich die Ritter miteinander, mit mir und mit Camelot vereinen konnte. Wenn ein Ritter *selbst* Leidenschaft für die Zukunft empfand, die wir gemeinsam erschaffen würden, konnte ich mir seines Engagements sicher sein, egal ob er in meiner Nähe oder weit entfernt war.

Jim konnte nicht glauben, was er gerade gehört hatte. Artus sagte, er solle eine *Vision* haben! Im Moment litt Jim an einem *Visionenüberschuß*, und allen anderen im Team ging es genauso. Jim kannte acht verschiedene Visionen in seiner Firma und sah herzlich wenig Wirkung dieser Visionen auf die Leistung.

»Sire, das Wort, das die Menschen in meiner Zeit für das Bild verwenden, das Ihr beschreibt, ist Vision. Aber ich muß ehrlich zugeben, daß es mir schwer fällt, an dieses Konzept zu glauben. Es funktioniert einfach nicht. In meinem Geschäft durchlaufen wir alle möglichen Prozesse, um eine Vision zu schaffen. Wenn der Prozeß vorüber ist, kehren die Ritter in ihre Burgen zurück. Bis sie dort angelangt sind, haben sie die Vision vergessen. Sie verlieren ihre Leidenschaft. Sie müssen sich auf ihre tägliche Arbeit konzentrieren, in der Gedanken an Camelot keinen Platz haben.

Man könnte fast sagen, Eure Majestät, daß wir uns in einer Zeit der ›Visioneninflation‹ befinden. Manche Menschen glauben zwar noch an Visionen, aber immer mehr Leute tun das nicht mehr.«

Artus' Überraschung über Jims Kommentar zeigte sich deutlich in seinem Gesicht. »In Deiner Zeit ist kein Platz für Visionen? Vielleicht ist das der Unterschied, mein Freund. Für die Ritter der Tafelrunde war Camelot die wichtigste Antriebskraft, die jeden Tag in jedem Teil des Landes lebendig war«, antwortete er. »Wir sprachen immer darüber, wenn wir zusammen waren, und wir schrieben einander darüber, wenn wir voneinander getrennt waren.

Eigentlich kann ich mit großer Sicherheit sagen, daß *Camelot ohne unsere Vision nie errichtet worden wäre. Ich wäre, wie meine Vorgänger, daran gescheitert, die Menschen über die Entfernungen hinweg zu leiten und zu führen.*«

»Warum meint Ihr, daß eine Vision so wichtig ist, mein Herr?« fragte Jim.

Artus antwortete: »Stell' Dir vor, Du wärst an meiner Stelle, Jim. Du möchtest mit Deinen Rittern ein Camelot in Deiner eigenen Burg errichten. Wie würdest Du dafür sorgen, daß alle motiviert bleiben und konzentriert an dem Projekt arbeiten?«

Jim dachte kurz nach und antwortete: »Als Leiter des Teams würde ich das Vertrauen in Camelot aufbauen, indem ich viel darüber spreche. Ich würde in der Burg herumgehen und versuchen, selbst ein Symbol für das Engagement zu sein, das notwendig ist, um die Vision zu realisieren. Weil sich alle in der Burg aufhalten, können ich und die anderen die Fortschritte beobachten. Wir wären alle verfügbar. Wir könnten einander motivieren und helfen.«

Darauf meinte Artus: »Wir wollen die Situation ein wenig abwandeln. Nehmen wir an, Du möchtest mit Menschen aus verschiedenen Burgen ein Camelot erschaffen. Was tust Du in diesem Fall, damit die Leute nicht die Motivation verlieren?«

Es fiel Jim schwer, eine Antwort zu finden. Schließlich sagte er: »Es wäre viel schwieriger, Eure Majestät. Ich könnte darüber sprechen, wenn die Leute mich besuchen. Doch wenn sie die meiste Zeit woanders arbeiten, hätte ich nur selten Gelegenheit zu Gesprächen. Es wäre auch schwierig, genug herumzureisen. Wenn die Leute an verschiedenen Orten leben, kostet es einfach zu viel Zeit und Geld, von einem zum anderen zu reisen. Die Ritter hätten nur wenig Gelegenheit, einander zu motivieren. Es ist sehr anstrengend für sie, einander über die Entfernungen hinweg zu helfen.«

Jim schwieg einen Moment und fügte dann noch einen Gedanken hinzu: »Wenn sie nie gelernt haben, anderen zu vertrauen, wird das Ganze noch schwieriger.«

Artus sagte: »Also Jim, Menschen, die in einer Burg arbeiten, werden dadurch motiviert, daß sie sich alle an einem Ort aufhalten und zusammen Zeit verbringen. Menschen, die über Entfernungen zusammenarbeiten, haben nicht Tag für Tag gemeinsame Erlebnisse. Sie brauchen eine mächtige Dynamik, die sie zusammenhält.«

Damit hatte Artus Jims Interesse geweckt. »Worin bestand die Dynamik, die die Ritter der Tafelrunde vereinte, Sire?« fragte er.

»Die Ritter waren durch drei Bande mit Camelot verbunden, Jim. Das erste war ein emotionales Band. Camelot mußte auf einem Konzept beruhen, mit dem sich jeder einzelne Ritter identifizieren konnte und für das sich alle von ganzem Herzen einsetzten. Die Idee von Camelot mußte sie auf sehr persönliche, ja fast intime Weise ansprechen. *Das Band entstand dadurch, daß sie in die Planung von Camelot einbezogen waren und jeder bei einem Teil der Ausführung eine Führungsrolle übernahm.*

Wenn Ritter nicht in der Nähe ihres Königs sind, tun sie nur die Dinge, die für sie selbst wichtig sind. *Sie tun nicht das, was der König für wichtig hält. Sie tun nur das, was für ihr eigenes Leben von Bedeutung ist.*

Das zweite Band war ein intellektuelles. Alle Ritter hatten dieselbe klare Vorstellung, wie Camelot aussehen würde. Als sich die Tafelrunde das erste Mal traf, verbrachten die Ritter Tage damit, *genau* zu definieren, was Camelot sein würde. Wir schrieben die wichtigsten Elemente von Camelot nieder, denen alle Ritter der Tafelrunde zugestimmt hatten. Wenn wir nicht zusammen waren, griffen wir oft zu diesen Aufzeichnungen.«

Jim sagte: »Sire, laßt mich das, was Ihr gerade gesagt habt, auf mein Team übertragen. Die Mitglieder meines Teams arbeiten an verschiedenen Orten. Damit sie trotzdem alle an einem Strang ziehen, muß ich sie auf zwei Arten miteinander verbinden. Einerseits auf intellektuellem Weg. Alle müssen sich hundertprozentig darüber einig sein, was wir zusammen erschaffen. Und andererseits auf emotionalem Weg. Alle müssen persönlich davon überzeugt sein, daß unser internationales Projekt die Mühe wert ist. Stimmt das?«

»Ja, Jim, Du hast recht. Aber es gibt noch ein Band, durch das die Menschen und ihre Arbeit zusammengehalten werden, so daß Du trotz der Entfernungen die Ergebnisse erzielst, die Du möchtest. Es ist das dritte und wichtigste Band«, sagte Artus.

Der König fuhr fort: »Du brauchst einen Leitsatz. Laß' mich erklären, was ich damit meine.

In der Tafelrunde beschlossen wir, *daß wir eine Frage oder eine Aussage brauchten, die wir uns jeden Tag vorsagen konnten und die uns bei unserer Arbeit über alle Entfernungen hinweg verbinden würde. Wenn wir sie mit Ja beantworteten, waren wir miteinander und mit Camelot verbunden, egal wo wir uns gerade aufhielten.*«

Jim war verwirrt. Er hatte keine Ahnung, welche Frage die Menschen, die an einem so komplexen Projekt wie Camelot beteiligt waren, mit ihrer Vision verbinden könnte. »Was war der Leitsatz für die Ritter der Tafelrunde, Eure Majestät?«

»*Macht für Recht,* Jim«, antwortete Artus.

Bei Jim läuteten ein paar Glocken. »Ich kenne diesen Satz, Sire. Er kommt in der Sage vor. Ihr habt ihn von Macht *ist* Recht auf Macht *für* Recht geändert!«

Artus war begeistert. »Ja, Jim. Macht *für* Recht wurde unser neuer Schlachtruf. Wir verwendeten ihn, um *de*struktives Kämpfen in *kon*struktives Kämpfen zu verwandeln. Jeden Tag, wenn die Ritter ihre Arbeit taten, um Camelot zu errichten, konnte jeder einzelne von ihnen sich fragen: ›Habe ich Macht *für* Recht eingesetzt?‹ Wenn es so war, wußte er, daß er seine Arbeit gut gemacht hatte. Wenn es nicht so war, wußte er, daß er mit dem, was er gerade tat, aufhören mußte. Er wußte, daß er anders handeln oder mich oder die anderen Ritter um Hilfe bitten mußte.«

Jim dachte darüber nach, wie manche Teams zu ihren Visionen und Mission Statements gelangten. In seinem Unternehmen schien es fast als würden die Visionen als Selbstzweck erschaffen und nicht als Mittel zum Zweck. Er erinnerte sich an einen »Schlachtruf«, der jämmerlich gescheitert war. Er lautete: »Hervorragendes Service aus der Sicht des Kunden bieten.« Das Führungsteam, dem dieser Slogan eingefallen war, hatte sich zwar Mühe gegeben, aber das Konzept schlug nicht so richtig ein. Niemand im Serviceunternehmen kannte ihn. Das Management sprach nie davon. Also boten die zuständigen Mitarbeiter weiterhin dieselben Serviceleistungen an wie bisher, anstatt sich auf die Kundenwünsche einzustellen.

Nun war Jim bewußt geworden, daß die prägnante Formulierung einer Vision eine wichtige Funktion erfüllen konnte. Die Mitarbeiter, die für das Kundenservice zuständig waren, konnten mit diesen Worten ihre persönliche Beziehung zu den Kunden beurteilen. Das Management konnte die Angestellten mit diesen Worten instruieren. Es konnte diese Worte als Teil des Entscheidungsprozesses einsetzen, um veraltete Methoden und Abläufe zu verändern. Es konnte auf der Grundlage dieser Worte ein Incentive-Programm aufbauen. Es konnte diese Worte zu einer Parole machen, um allen Mitarbeitern des Kundenservice eine klare Richtung vorzugeben. Kurz gesagt konnte jeder mit Hilfe dieser Worte seine Tätigkeit Tag für Tag bewerten und entsprechend adaptieren.

Jim begann, seine Rolle als Führungskraft anders zu verstehen. Er wußte, daß die Verantwortung für alle wichtigen Entscheidungen bei ihm lag. Doch es war klar, daß er nicht bei allen Entscheidungen anwesend sein konnte, die im Rahmen des Projektes auf der ganzen Welt getroffen werden mußten, und das war auch gar nicht seine Absicht. Denn es waren viel mehr Entscheidungen notwendig, als er alleine bewältigen hätte können.

Abgesehen davon beklagten sich seine Mitarbeiter ständig, wie schwer es war, einander kurzfristig zu erreichen. Seit die Firma mit Voice-Mail arbeitete, schienen die Leute kaum noch

Zeit an ihren Schreibtischen zu verbringen. Ein Leitsatz würde es den Mitgliedern seines Teams ermöglichen, Tag für Tag *effektive* Entscheidungen zu treffen, besonders wenn sie die anderen oder ihn selbst nicht rechtzeitig um Rat fragen konnten.

Jim war nicht sicher, ob er Artus wirklich verstanden hatte, also fragte er noch einmal nach: »Ihr habt ein intellektuelles Band, ein emotionales Band und einen Leitsatz eingesetzt, um jeden einzelnen Ritter auf einer sehr persönlichen Ebene anzusprechen. War das Eure Führungsstrategie, Sire?«

Artus antwortete: »Ja, Jim. Alle diese Techniken sind darauf ausgerichtet, daß jeder einzelne Ritter in jeder Burg, in jedem Teil des Landes dasselbe Ziel verfolgt. *Es ist ungeheuer wichtig, daß Du, als ihr Anführer, diese Bande in den Gedanken, Worten und Taten aller Deiner Ritter, egal, wo sie gerade sind, fest verankerst.* Wir werden ein anderes Mal noch ausführlicher darüber sprechen, wie ich das geschafft habe. Bist Du damit einverstanden?«

Jim nickte. In Atlanta wurde es rasch dunkel. Jim wußte, daß es schwer werden würde aus dem Wald hinauszufinden, wenn er sich nicht bald auf den Weg machte.

Bevor sie ihre Unterhaltung beendeten, sprach Artus noch einen letzten Punkt an: »Emotionale Bande sind für manche Menschen sehr unangenehm, Jim. Das emotionale Band, über das ich heute gesprochen habe, bedeutete nicht, daß sich die Ritter trafen, um über ihre persönlichen Angelegenheiten zu reden. Ganz im Gegenteil.

Das emotionale Band betraf vor allem das, was Camelot *repräsentierte.* Die Ritter fühlten sich wichtig, weil sie an seiner Erschaffung beteiligt waren. Sie hatten eine respektvolle Beziehung zu mir, die jedesmal stärker wurde, wenn ich sie unterstützte und ihnen zuhörte.«

Jim unterbrach ihn: »Die Gefühle betrafen also einen Bereich, den alle miteinander teilen konnten. Es ging nicht darum, daß die Ritter einen Haufen persönlicher Dinge loswurden. Ihr habt versucht, die Gefühlsebene Eurer Ritter anzusprechen, um ihr Engagement und ihre Verbundenheit mit Camelot zu sichern.«

Artus erwiderte: »Ganz genau.«

Artus und Jim vereinbarten noch einen Zeitpunkt für ihr Treffen am nächsten Tag und verabschiedeten sich voneinander.

Auf dem Rückweg ging Jim die Unterhaltung mit Artus im Kopf noch einmal durch.

Am Ende dieses Tages hatte sich seine Auffassung von seiner Rolle als Leiter eines Teams grundlegend verändert. Zum ersten Mal in seinem Leben fühlte er sich bei dem Gedanken an eine emotionale Bindung, wie Artus sie beschrieben hatte, wohl. Er war begeistert von der Idee, ein intellektuelles Band, ein emotionales Band und einen Leitsatz zu schaffen, damit sein Team auf der ganzen Welt am selben Strang zog.

Jim begann sofort damit, sich einen Plan für ein Treffen seines Teams zu überlegen, bei dem diese wichtigen Bande entstehen konnten.

Lancelot

Am Samstag morgen flog Jim nach Washington. Er hatte beschlossen, sich ein Wochenende an einem seiner Lieblingsorte in Amerika zu gönnen – der Hauptstadt. Jim hatte sich für eine dreitägige Konferenz für Führungskräfte angemeldet, die am Montag beginnen würde.

Am Wochenende nahm er Artus mit Hilfe eines kleinen Spiegels auf eine Besichtigungstour mit. Sein königlicher Freund war überwältigt, als Jim ihm das Lincoln Memorial, das Washington Monument, das Capitol und den Obersten Gerichtshof zeigte. Die Geschichten und Legenden, die Jim ihm über diese Symbole für die Größe des Landes erzählte, faszinierten ihn.

Schließlich setzte sich Jim auf eine Parkbank gegenüber dem Weißen Haus. Das Heim des Präsidenten wirkte auf dem perfekt gestutzten Rasen selbst wie ein Monument. Jim erklärte Artus in groben Zügen die Bedeutung des amerikanischen Präsidentenamtes. Artus war begeistert, als er erfuhr, daß die Regierungszeit von Präsident John F. Kennedy als Camelot bezeichnet worden war.

Ein wenig später schlenderte Jim zum Vietnam Memorial hinüber. Sowohl Artus als auch Jim schwiegen betroffen, als sie vor der Mauer mit den Namen der Gefallenen standen. Die achtundfünfzigtausend Namen, die die schwarze Mauer bedeckten, sprachen ihre eigene Sprache. Artus fragte: »Welche Art von Kriegen führt ihr, daß so viele Menschen dabei ums Leben kommen?« Jeder Name stand für einen Toten, der im Namen des Krieges gestorben war. Jim kämpfte mit seinen Gefühlen über den Krieg in Vietnam. Auch Artus, der das Grauen eines Krieges nur zu gut kannte, war beim Anblick dieses Symbols für den bitteren, tragischen Verlust von Leben tief berührt.

Den Sonntag verbrachten Jim und Artus in einer Ausstellung über die Geschichte der Raumfahrt in einem der großartigen Smithonian Museen. Jim hielt den Spiegel so, daß Artus alle Ausstellungsstücke und die Videoaufführungen sehen konnte. Artus war sprachlos, nachdem er das Video über Armstrongs »ein kleiner Schritt für einen Menschen, ein gigantischer Schritt für die Menschheit« gesehen hatte. Artus dachte an die Nacht, in der er und Dinadan unter dem alten Baum gesessen waren und über die grenzenlosen Fähigkeiten der Menschen gesprochen hatten. Artus war allerdings nie auf die Idee gekommen, daß die Menschen eines Tages auf dem Mond landen würden.

Er fand solchen Gefallen an ihren Ausflügen, daß Jim wünschte, er könnte Artus die Kunst, Architektur und Schönheit Europas, des Fernen Ostens und anderer Länder zeigen.

Das Wochenende war wie im Flug vergangen, und am Montag nahm Jim an der Konferenz teil. Dort erfuhr er allerdings kaum etwas Neues über die Leitung von Teams über geographische Entfernungen hinweg. Alles, was er zu hören bekam, waren altbekannte Weisheiten, die davon ausgingen, daß die Leute an einem Ort arbeiteten. In Jims Fall traf aber genau das leider nicht zu.

Bei der Konferenz schnappte Jim zwar ein paar Anregungen auf, doch zu den wichtigsten Ideen verhalfen ihm die Gespräche mit seinem blaublütigen Berater, König Artus. Jim wendete Artus' Ideen Tag für Tag an und konnte bereits die ersten Ergebnisse verzeichnen.

Am darauffolgenden Donnerstag flog Jim zurück nach Atlanta. Artus' Anregungen zeigten zwar schon ihre Wirkung, aber Jim wußte, daß er noch viel lernen mußte. Er wollte, daß Artus mehr von der täglichen Zusammenarbeit mit dem Team sah.

Bei der Arbeit konnte Jim natürlich nicht den ganzen Tag einen kleinen Spiegel mit sich herumschleppen, wie er es in Washington getan hatte, um Artus alles zu zeigen. Jim mußte einen weniger auffälligen Weg finden, um während der Arbeit Kontakt mit Artus aufnehmen zu können. Schließlich fiel ihm eine Möglichkeit ein. Er hängte drei Spiegel an strategisch wichtigen Punkten in seinem Bürogebäude auf.

Am Montag ging Jim schon um Viertel nach sechs zur Arbeit, um die Spiegel aufzuhängen, bevor die anderen kamen. Einen hängte er im Videokonferenzraum auf und einen in seinem Büro.

Den Haken für den dritten Spiegel schlug er in die Wand neben dem Kaffeeautomaten, so daß Artus eine typische Kaffeepause in einem amerikanischen Unternehmen miterleben konnte. Doch gerade als er den Spiegel aufhängen wollte, hörte er, wie jemand die Türklinke drückte. Mit unglaublichem Schwung, der Jim kurz befürchten ließ, ein Gorilla hätte sich hierher verirrt, flog die Türe auf.

Jim fühlte sich wie ein kleiner Junge, der mit der Hand in der Keksdose ertappt wird. Obwohl nichts Unrechtes dabei war, einen Spiegel aufzuhängen, fühlte er sich irgendwie schuldig. Jim hoffte, daß er denjenigen, der gleich durch die Tür spazieren würde, nicht kannte. Es war jedoch ausgerechnet der Mensch, den er im ganzen Unternehmen am besten kannte.

Mit gepreßter Stimme sagte Jim: »Ach, Du bist es, Robert!« Jims engster Mitarbeiter und Teamkollege war an diesem Tag offensichtlich auch früh zur Arbeit gekommen. Robert war fast zwei Meter groß, wog an die hundert Kilo und war im College ein gefeierter Football-Spieler gewesen. Vermutlich stammte sein aggressives, präzises und ausdauerndes Verhalten im Geschäftsleben noch aus jener Zeit. Diese Eigenschaften und Roberts unschlagbaren Sinn für Humor mochte Jim am meisten an seinem Teamkollegen.

Roberts Augen wanderten zuerst zu Jim, dann zum Spiegel. In seinem Gesicht ließ sich die Frage, warum Jim denn neben dem Kaffeeautomaten einen Spiegel aufhängte, deutlich ablesen. Geistesgegenwärtig wie er war, beschloß Robert, daß dies eine gute Gelegenheit war, Jim auf den Arm zu nehmen. »Ach Du Lieber! Versuchst Du, mich heute morgen zu blenden? Jetzt können wir uns gleich *zweimal* betrachten, einmal im Spiegel und einmal auf Deiner Glatze«, sagte Robert, während er sich im Spiegel seine Krawatte zurechtrückte.

Jims Herz schlug wie wild, und er befürchtete, daß Robert es durch sein Hemd klopfen sehen konnte. Er wartete auf Roberts Aufschrei, sobald er Artus' Gesicht im Spiegel sah. Doch Robert zuckte mit keiner Wimper. Er sah in den Spiegel, den Jim immer noch in den Händen hielt, und richtete sich seelenruhig seine Krawatte. Offensichtlich konnte er Artus nicht sehen. Robert sah nur sein eigenes Gesicht.

Jim lachte über Roberts Scherz und brüllte innerlich über die Komik dieser Situation. Erleichtert stieg er auf Roberts Scherz ein: »Ich wollte Deinem Morgen nur ein wenig Glanz verleihen, Robert!«

Robert fand seinen Witz zwar nicht gerade schlecht, konnte sich aber nicht ganz erklären, warum Jim sich gar so königlich amüsierte. Als Jim endlich zu lachen aufhörte, blickte er kurz in den Spiegel und brüllte erneut los.

Robert fürchtete, daß Jim am *Durchdrehen* war. Wahrscheinlich verkraftete er den ganzen Streß nicht mehr. Robert konnte allerdings im Gegensatz zu Jim nicht sehen, daß sich Artus im Spiegel vor Lachen krümmte. In Roberts Gesicht zeigte sich sein Erstaunen über das merkwürdige Verhalten seines Kollegen. Jim versuchte, sich das Lachen zu verkneifen, aber mit seinem roten Gesicht und den hervortretenden Augen sah er aus wie ein Luftballon kurz vor dem Zerplatzen.

Während er gegen den nächsten Lachanfall ankämpfte, hängte Jim den Spiegel auf den Haken, den er vor Roberts Erscheinen eingeschlagen hatte. Er ließ zwei Tassen Kaffee aus dem Automaten, und dann gingen sie in ihre Büros. Er versuchte, Roberts Aufmerksamkeit auf ein anderes Thema zu lenken und begann über Football zu sprechen. Im Sportlerjargon fragte er ihn: »Was sagst Du zu den Falcons, alter Kumpel? Hast Du das Spiel gestern abend gesehen?«

Jim hielt große Stücke auf Robert, sowohl als Kollege als auch als Freund. Die beiden arbeiteten bei dem Projekt eng zusammen und kamen gut miteinander aus. Jim hatte zu Robert größeres Vertrauen als zu irgendeinem anderen Mitglied des Teams. Die Zusammenarbeit mit ihm war angenehm, er war flexibel und genoß jede Herausforderung, die Jim ihm stellte. Jim vertraute Robert hundertprozentig. Der Respekt, den er für ihn empfand, beruhte auf Gegenseitigkeit.

Außerdem waren sie beim selben Sportclub und spielten beide im Baseballteam der Firma. Sie hatten viele gemeinsame Interessen und verstanden sich gut. In den letzten zwei Monaten hatten sie sich auch nach der Arbeit und an den Wochenenden öfter getroffen. Während Jims Scheidung vor einem Jahr hatte Robert ihm sehr geholfen und ihn in jeder Hinsicht unterstützt. Er hatte sogar ein paar Blind Dates für Jim arrangiert, um ihn von seinem Kummer abzulenken.

Jim traf sich nur selten außerhalb der Arbeitszeit mit Teammitgliedern, die in anderen Städten arbeiteten. Wenn er auf Geschäftsreise war, flog er hin, erledigte das Geschäftliche und flog wieder zurück. Er wollte sich nicht in das Privatleben seiner Mitarbeiter drängen. Also verabredete er sich so gut wie nie zum Abendessen oder ähnlichem, wenn er Teammitglieder in anderen Städten besuchte. Wenn ihn jemand zum Abendessen einlud, nahm er an, doch er ergriff nie selbst die Initiative aus Respekt vor dem Privatleben seiner Mitarbeiter. Er wußte noch nicht, daß es ein Fehler war, diese Entscheidung im Alleingang zu treffen, anstatt sie seinen Mitarbeitern offen zu lassen.

Ein anderes Mitglied des Teams, Al, arbeitete im selben Gebäude wie Jim und Robert. Allerdings war sein Büro im vierten Stock, während Jim und Robert im zwanzigsten Stock saßen. Eines Tages fiel Jim auf, daß er mit den Mitarbeitern in Kanada mehr Kontakt hatte, als mit Al, der doch nur ein paar Stockwerke unter ihm anzutreffen war. Roberts Büro war hingegen gleich nebenan, und sie hatten ständig Kontakt.

Jim hatte an diesem Tag mehrere Meetings, bei denen Artus anwesend war. Der Tag begann mit einer Videokonferenz um elf Uhr mit den Teammitgliedern in Europa. Das gesamte Team von Denver war zu diesem Meeting nach Atlanta gekommen. Sie mußten noch auf Mark, den Lieferanten in San Diego, warten, der um acht Uhr kalifornische Zeit in sein Büro kommen würde. Mark nahm übers Telephon an der Konferenz teil. Eric und Dieter waren in Mauros Videokonferenzraum in Rom gekommen, wo es gerade erst sieben Uhr war.

Das Meeting verlief nicht so gut, wie Jim gehofft hatte. Gleich am Anfang bezog sich Jim auf den aktuellen Strategieplan. Die Mitarbeiter in Europa sagten, daß sie ihn nicht bekommen hatten. Mark, der Lieferant, hatte auch keinen erhalten. »Sie haben aber doch die neuesten Unterlagen bekommen, oder?« fragte

Jim. Es stellte sich heraus, daß niemand außerhalb von Atlanta diese Unterlagen zu Gesicht bekommen hatte. Also wurden während der nächsten Viertelstunde die Kopien in aller Hektik gefaxt.

Obwohl Al anwesend war, sprachen bei der Konferenz fast immer nur Jim oder Robert. Abgesehen davon wurden an Jim ein paar Fragen gerichtet. Keiner der Mitarbeiter in Europa sprach mit irgend jemand anderem außer Jim. Eigentlich sagten sie überhaupt sehr wenig.

Während des gesamten Meetings achtete niemand auf Mark, der sich alles übers Telephon anhörte. Es war, als ob er gar nicht zum Team gehören würde. Vier Mal bat er die Leute in Atlanta, direkt ins Mikrophon zu sprechen. Niemand reagierte auf seine Bitte.

Robert versuchte das Meeting mit witzigen Bemerkungen ein wenig aufzulockern. Doch nur die Konferenzteilnehmer in Atlanta konnten ihn hören. Als die Teammitglieder in Europa nicht lachten, dachte Robert, sie hätten seine Witze einfach nicht verstanden.

Artus bemerkte, daß das Team trotz aller Schwierigkeiten einige Punkte klären konnte. Dennoch war es offensichtlich, daß Jim sich nicht wohl fühlte.

Nach dem Meeting hörte Artus einen Anruf mit, den Jim von Eric bekam. Eric beschwerte sich, daß er sich wie ein Bürger zweiter Klasse fühle. »Wie soll ich mich sonst fühlen, wenn wir nicht einmal wichtig genug sind, um die Unterlagen für eine Konferenz zu bekommen, für die ich stundenlang nach Rom gefahren bin!« sagte er wütend. Er beklagte sich auch, daß das bereits das fünfte Meeting gewesen sei, das außerhalb seiner normalen Arbeitszeit stattgefunden hatte.

Dann meinte er zynisch: »Warum treffen Sie sich nicht einfach mit Robert, entscheiden alles und sagen uns dann einfach, was wir zu tun haben. Wenigstens würden Sie so nicht meine Zeit verschwenden!« Jim tat diese Bemerkung als einen von Erics Wutanfällen ab.

Später rief Jim Mark an. Über den Lautsprecher ertönte ein Schwall ärgerlicher Kommentare über das Meeting. Mark sagte: »Viermal habe ich die Leute ersucht, lauter zu sprechen. Ich hatte das Gefühl in ein schwarzes Loch zu reden. Niemand hat mich gehört oder auf meine Bitte reagiert, *auch Sie nicht, Jim.*«

Als Jim sich entschuldigte, meinte Mark sarkastisch: »Robert brauchte nicht erst gebeten werden, lauter zu sprechen. Er war die ganze Zeit mehr als deutlich zu hören.« Jim ignorierte diese Bemerkung und wechselte das Thema.

Ein Meeting mit den Teammitgliedern in Denver verlief auch nicht gerade prächtig. Sie taten alle Ideen, die Robert vorbrachte, sofort ab und zeigten sich nicht sehr amüsiert über seine Scherze. Einer ließ eine leise Bemerkung über ihn fallen, und die drei aus Denver tauschten Blicke aus, die keinen Zweifel daran ließen, daß Robert ihrer Meinung nach »out« war. Zu Al waren sie auch nicht besonders freundlich, aber sie schienen in erster Linie Streit mit Robert zu suchen. Für Jim war dieses Benehmen so kindisch, daß er es wortlos überging.

Artus hörte auch eine beiläufige Bemerkung von Nicole. Kurz nach dem Meeting erzählte Robert von einem Tennismatch, bei dem er Jim letzte Woche geschlagen hatte. Nicole sagte: »Da können wir natürlich nicht mitreden. Mit uns spielt Jim ja nie Tennis. Wenn er schon mal in Denver ist, fragt er uns nicht einmal, ob wir mit ihm zu Abend essen wollen.«

Jim war verblüfft über Nicoles bissigen Kommentar. Wenn er auf Geschäftsreise war, lud er seine Mitarbeiter nicht zum Abendessen ein, weil er auf *ihre* Zeit Rücksicht nahm und nicht weil er sich zu gut dafür war. Jim war zwar bewußt, daß er diesen Punkt klären sollte, wußte aber nicht so recht wie.

Also beschloß er, Nicoles Aussage zu ignorieren, zumindest vorerst.

Am Abend war Jim klar, daß er mehr als nur einen schlechten Tag gehabt hatte. Irgend etwas lief schief mit seinem Team. Warum hackten alle auf Robert herum? Robert war kompetent, und alle wußten das. Er erledigte einen guten Teil ihrer Arbeit, und alle profitierten von dem, was er für das Projektteam leistete. Jim nahm sich vor, auf dem Heimweg von der Arbeit mit Artus darüber zu sprechen.

Artus schnitt das Thema jedoch von selbst an. Er sagte: »Du und Robert, ihr seid gute Freunde geworden, nicht wahr, Jim?«

Jim war von Artus' Beobachtungsgabe überrascht und antwortete: »Ja, Eure Majestät. Ich kenne Robert schon seit fünf Jahren, aber wir haben uns erst vor einem Jahr so richtig angefreundet. Ich verlasse mich auf ihn und sein Urteil, besonders wenn es um etwas Wichtiges geht. Ich weiß inzwischen einfach, daß Robert in den meisten Situationen das Richtige tut. Ich übertrage ihm viel Verantwortung, weil ich ihm voll und ganz vertraue.«

Artus stellte Jim noch eine Frage: »Überträgst Du den Rittern, die nicht in Deiner Nähe sind, genauso viel Verantwortung?«

Jim antwortete: »Nein, Artus, dafür kenne ich sie und ihre Arbeit nicht gut genug. Ich weiß, daß sie alle kompetent sind, aber ich vertraue auf ihre Kompetenz nicht so hundertprozentig wie auf die von Robert. Abgesehen davon ist Robert in meiner Nähe, und die anderen sind so weit weg. Manchmal dauert es auch einfach zu lange, bis ich sie erreiche, also bespreche ich die Sache mit Robert und belaste die anderen gar nicht damit.

Eure Majestät, ich versuche ihnen zu helfen, indem ich nicht zuviel Druck auf sie ausübe. Ich versuche ihnen zu helfen, indem ich sie nicht ständig um etwas bitte. Aber ich weiß, daß das Meeting heute viel besser hätte laufen können. Habt Ihr das Problem bemerkt, Sire? Habt Ihr eine Idee, was ich tun kann?«

Artus sagte: »Mir ist besonders ein Problem aufgefallen, Jim. Ich habe es nur deshalb bemerkt, weil auch ich eine solche Erfahrung gemacht habe. Dieselbe Dynamik, die ich heute in Deinem Team beobachtet habe, stellte sich auch bei meinen Rittern ein. Das Problem könnte seinen Ursprung in Deiner Freundschaft mit Robert haben.«

»Robert?« rief Jim aus und verstand überhaupt nicht, wie Artus ausgerechnet auf seinen besten Freund kam.

Artus fuhr fort: »Du hast einen Freund, der unter den Rittern einen hohen Rang einnimmt und in Deiner Burg arbeitet. Hast Du von meinem Freund gehört, der in meiner Burg dieselbe Stellung hatte?«

Jim wußte, wen Artus meinte. »Ihr sprecht von Lancelot, nicht wahr?«

»Ja, Jim. Mein Freund war Lancelot du Lac. In demselben Maß, in dem meine Freundschaft zu ihm wuchs, stieg auch mein Vertrauen zu ihm. Mit der Zeit wurde ich blind für die Eifersucht, die alle anderen wegen meines uneingeschränkten Vertrauens zu Lancelot hegten.«

»*Eifersucht!* Wollt Ihr mir sagen, daß Eure Ritter auf Eure *Freundschaft* mit Lancelot eifersüchtig waren? Er war Euer Freund! *Dürfen Könige keine Freunde haben?*« fragte Jim sarkastisch.

Artus fürchtete, daß Jim das Thema als zu banal abtun würde und formulierte seine Antwort sehr sorgfältig: »Natürlich *kann* der Anführer einer Gruppe Freunde haben. Aber er geht ein großes Risiko ein, wenn er ein Mitglied der Gruppe, das in seiner Nähe ist, den anderen, die weit weg sind, vorzieht.«

Artus' konnte die Traurigkeit, die ihn bei diesen Worten überkam, nicht verbergen. Er wußte, daß er alleine für den Untergang von Camelot verantwortlich war. Und er wußte auch, daß seine enge Freundschaft mit Lancelot der Anfang des Zerfalls gewesen war.

Jim brannte darauf, mehr über den großen Lancelot und seine Freundschaft mit Artus zu erfahren und fragte: »Eure Freundschaft mit Lancelot ist auch heute noch berühmt, Sire. Erzählt mir von ihm. Wie war er?«

Artus sagte: »Lancelot war der bemerkenswerteste Mann, den ich je kennengelernt habe! Auf der ganzen Welt gab es keinen anderen Menschen, der so intelligent ... so scharfsinnig ... so engagiert ... so positiv ... so loyal war. Ach, ich könnte Dir noch Dutzende seiner außergewöhnlichen Eigenschaften aufzählen. *Lance war der beste Freund, den ich je hatte.*

Ich dürstete geradezu danach, mit ihm zu sprechen. Er verfügte über einen so wachen, kreativen Verstand. Wenn ich ihm eine Frage stellte, hatte er sofort tausend mögliche Antworten parat. Im Handumdrehen konnte er aus einer unausgereiften Idee eine wunderbare Symphonie von faszinierenden Möglichkeiten komponieren. Damit nicht genug, war er mit einer unglaublichen Gabe gesegnet, seine Gedanken in Worte zu fassen. Er sprach mit der Eleganz eines Dichters, und ich hing an seinen Lippen, damit mir keines seiner Worte entging.

Ich kannte niemanden, der sich dem Leben mit so viel Freude und Energie stellte. Es gab nichts, für das sich Lance nicht interessierte. Mit jeder Faser seines Seins liebte er *alles* in seinem Leben und *alles* an seiner Arbeit. Er bewältigte jede Herausforderung mit der phänomenalen Kraft, die in seinem Herzen brannte. *Jede* Aufgabe, die ich ihm stellte, löste er mit beeindruckender Kreativität, und ich dankte Gott jeden Tag dafür, daß Lance nach Camelot gekommen war.«

Jim war fasziniert von der Art, wie Artus seinen Freund beschrieb. Er hatte nie einen Freund gehabt, den er so eingehend und plastisch beschreiben hätte können. Jim fragte: »Sire, in der Legende wird Lance als großer Ritter beschrieben. Eure Worte machen deutlich, daß er viel mehr als nur das war. Doch etwas verwirrt mich, Eure Hoheit.

In der Legende kommt Lancelot nämlich nicht ganz so gut weg wie in Eurer Beschreibung. Warum wird er in den Geschichten über die Ritter der Tafelrunde auch als arrogant, selbstsüchtig und *unbescheiden* beschrieben? Würdet Ihr auch solche negativen Worte verwenden, um Lancelot zu beschreiben?«

Artus erwiderte: »Nein, ich würde im Zusammenhang mit Lance *niemals* Worte wie arrogant oder selbstsüchtig gebrauchen. Er war ein außergewöhnlicher Mann, und das wußte er. Und alle anderen wußten es auch. Lancelot hob sich so offensichtlich von allen anderen ab, daß ein Vergleich mit den übrigen Rittern müßig war. Die Aufgaben, die niemand anderer bewältigen konnte, *löste er mit Bravour.*

Er machte es mir so einfach, mich auf seine herausragenden Talente zu verlassen. Er war so loyal, daß es mir ganz natürlich schien, ihm als Freund voll und ganz zu vertrauen. Da er der einzige Ritter war, der in England keine eigene Burg besaß, war er immer leicht zu finden, wenn ich ihn brauchte. Er hatte ja keine andere Burg als meine. Innerhalb von Sekunden standen mir seine Energie, sein brillanter Verstand und seine immense Kraft als Mensch zur Verfügung, um das Unmögliche möglich zu machen.

Ich liebte und schätzte meinen Freund so sehr, daß ich nur das Gute in ihm sehen konnte. Mit der Zeit verließ ich mich auf Lance mehr als auf alle anderen Ritter. Ich vertraute seinen Ideen. Ich übertrug ihm mehr Verantwortung. Ich gab ihm ständig die Möglichkeit, seine außerordentlichen Fähigkeiten zu beweisen und nahm dadurch den anderen Rittern die Gelegenheit sich zu profilieren.

Wenn ich höre, daß er in der Legende als arrogant und selbstsüchtig dargestellt wird, kann ich mir schon vorstellen, woher diese Beschreibung stammt.

Als Lance nach Camelot kam, waren die Ritter über seine poetischen Worte verärgert, weil sie ihnen zu schwülstig erschienen. Lance war voller Leidenschaft, was seine Ehre, sein Leben und seinen Wunsch, ein Ritter der Tafelrunde zu sein, betraf. Tief drinnen war seine Seele *rein*. Er strebte von ganzem Herzen danach, ein Teil des Wunders von Camelot zu sein. Ich hätte auf der ganzen Welt niemanden finden können, der mir als Bruder oder Freund oder Partner lieber gewesen wäre, um den Traum von Camelot wahr werden zu lassen.

Das Problem war, daß die Ritter nicht damit zurecht kamen, daß sie so weit entfernt waren und Lancelot so nahe. Sie nahmen es ihm übel, daß ich mich mit allen wichtigen Aufgaben an ihn wandte. Sie waren aufgebracht über meine enge Freundschaft mit ihm und meine uneingeschränkte Wertschätzung für all seine Vorschläge. Sie waren erzürnt darüber, daß ich mit ihm so viel Zeit verbrachte und mit ihnen nicht.«

Jim warf ein: »Wollt Ihr damit sagen, daß die Ritter Neid empfanden, weil Lancelot eine so wichtige Rolle für Euch spielte?«

Artus antwortete: »Ja, Neid ist ein treffendes Wort, um die Gefühle zu beschreiben, die die Ritter ihm entgegenbrachten – und später auch mir. Die Ritter waren eifersüchtig, weil sie isoliert von mir waren. Sie fühlten sich ausgeschlossen von den Taten, den Entscheidungen und den Aufgaben, die ihnen in ihren eigenen Augen und in den meinen Achtung verleihen würden. Sie fühlten sich wie Außenseiter, weil so viele ihrer Ideen bei mir auf taube Ohren stießen. Sie hatten auch das Gefühl, von mir keine Möglichkeit zu bekommen, die Wertschätzung und den Respekt der Menschen in ihren eigenen Burgen zu gewinnen.

Je mehr sie sich ausgeschlossen fühlten, desto größer wurde auch ihr Neid. Die Isolation der Ritter in der Ferne war der Anfang des Untergangs von Camelot. Die Ritter verloren das Vertrauen in das Bündnis, das sie vereinen sollte, weil ich dieses Vertrauen nicht stärkte. Ich gab nicht allen Rittern die gleichen Möglichkeiten, sich vor ihren Gleichgestellten und Untergebenen zu profilieren. Ich gab ihnen nicht die gleichen Möglichkeiten, sich mir, als ihrem Anführer, nahe zu fühlen.

Als die Erbauung von Camelot begann, errichteten viele Ritter Lager für sich und ihre Diener. Sie wohnten in Zelten, die sie auf der anderen Seite des Feldes aufschlugen, auf dem sich auch die Zelte für mich und mein Gefolge befanden. Lediglich dieses Feld hielt mich davon ab, sie so oft zu sehen wie Lancelot, obwohl wir alle in Camelot waren.«

Jim wurde blaß. Plötzlich sah er eine imaginäre Anzeigetafel wie in einem Sportstadion, auf der die Punkte seiner Mitarbeiter aufleuchteten. Robert: 100. Alle anderen, die nicht in seiner Nähe waren: 5, einschließlich Al im vierten Stock. Dieser Punktestand war zwar etwas übertrieben, aber Robert lag eindeutig in Führung, was die Aufgabenverteilung und die Intensität der Zusammenarbeit betraf.

Jim fragte unsicher: »Was soll ich tun, Sire? Mehrere Mitglieder meines Teams haben mir gesagt, daß sie sich isoliert fühlen. Wie Ihr auf Lancelot, habe ich mich auf Robert verlassen, sowohl als Kollege als auch als Freund. Genau wie Eure Ritter über Eure enge Beziehung zu Lancelot verärgert waren, sind manche Mitglieder meines Teams offensichtlich über meine enge Beziehung zu Robert verärgert.«

Artus entgegnete ihm: »Selbst wenn Robert und Du *keine* guten Freunde wärt, glaube ich, daß die Ritter in der Ferne ein Problem damit hätten, daß er in Deiner Nähe ist. Hast Du bemerkt, daß sie zu Al auch unfreundlich waren? Obwohl Al in einem anderen Stockwerk ist und Du nicht die gleiche Beziehung zu ihm hast wie zu Robert, haben sie ihn angegriffen. Es stört sie, daß er am selben Ort ist wie Du und daß er dadurch ihnen gegenüber einen Vorteil hat.

Lance und ich waren am Anfang gar nicht so gut befreundet, aber er lebte immer in meiner Burg. Die anderen Ritter behielten Lance von Anfang an genau im Auge. Wenn Lance etwas vorschlug, versuchten sie ihn mit einem besseren Vorschlag auszustechen. Wenn Lance etwas tat, versuchten sie etwas anderes besser zu machen. Es war ganz eindeutig, daß sie um meine Gunst kämpften.

Wenn ich mich jetzt an die Stelle von Sir Sagramore oder Sir Dinadan versetze, verstehe ich ihren Neid. Diese beiden standen mir auch sehr nahe, aber ihre Burgen waren weit entfernt. Sie waren auch meine Freunde, aber ich bemerkte, daß sich ihr Verhalten veränderte, nachdem Lancelot nach Camelot gekommen war. Wenn ich nun zurückblicke, kann ich die Enttäuschung auf ihren Gesichtern sehen, wenn ich Lancelot eine Aufgabe übertrug und nicht ihnen.

Wenn ich mich in die anderen Ritter der Tafelrunde hineinversetze, weiß ich, daß ich auch enttäuscht gewesen wäre. Als König hatte ich ein neues und strahlendes Camelot versprochen, doch ich gab nicht jedem Ritter dieselben Möglichkeiten, selbst im Glanz seiner Leistungen zu erstrahlen. Es war zu schwierig, die Arbeit über die Entfernungen hinweg zu organisieren und die Fortschritte im Auge zu behalten. Den Großteil des Ruhmes gestand ich Lancelot, meinem teuren Freund, zu.«

Jim unterbrach ihn: »Ach, Eure Majestät, ich sehe so viele Parallelen zwischen Euren Rittern und meinen. Ich möchte mein Camelot nicht scheitern sehen. Wir haben gerade erst mit unserer Arbeit begonnen. Wenn Ihr noch einmal von vorne beginnen könntet, Sire, was würdet Ihr anders machen?«

Artus antwortete: »Wenn ein wirklicher Freund in Dein Leben tritt, gibt es ohnehin kein Wenn und Aber. Doch wenn ich damals alles gewußt hätte, was ich heute weiß, hätte ich mich gegen die Freundschaft mit Lancelot entschieden, obwohl mir dadurch eine der schönsten und besten Freundschaften, die man sich vorstellen kann, entgangen wäre. Seine Freundschaft gab mir das, was ich brauchte. Der Neid auf diese Freundschaft war jedoch die treibende Kraft, die Camelot und die Tafelrunde zerstört hat.

Wer eine Gruppe aus der Entfernung führt, muß alle Mitglieder, egal ob sie nah oder fern sind, *mit größter Fairneß* behandeln und allen *dieselben Chancen* bieten. Sein Verhalten muß nicht nur fair sein, sondern auch von allen, besonders von denen in der Ferne, als absolut fair *empfunden* werden.

Die höchste Aufgabe eines Königs liegt darin, Vertrauen zu schaffen. Dein Führungsstil muß in jeder Hinsicht darauf ausgerichtet sein, Vertrauen aufzubauen. Um das zu erreichen, mußt Du jede Entscheidung so objektiv wie möglich treffen, indem Du Dich an Eurem Leitsatz oder an jenen Vereinbarungen orientierst, die bei der ersten Versammlung der Ritter beschlossen wurden.«

Jim fragte: »Wie würde größte Fairneß an Eurer Tafelrunde aussehen, Sire?«

Artus antwortete: »Erstens erhalten alle Ritter die wichtigsten Informationen gleichzeitig. Lancelot sollte nicht mehr Informationen bekommen als die anderen Ritter und auch nicht früher. Jeder Ritter, ob er in Camelot ist oder in seiner eigenen Burg, möchte über die grundlegenden Themen der Tafelrunde informiert werden. Informationen geben ihm das Gefühl, daß er ein Teil der Gruppe ist. Und sie halten sein Interesse und Engagement aufrecht.«

Jim zuckte innerlich zusammen, als er daran dachte, daß viele Mitglieder seines Teams vor dem heutigen Meeting keine Unterlagen erhalten hatten. Im allgemeinen verfügte die Zentrale über mehr Informationen und Ressourcen als die Niederlassungen in anderen Orten. Die Mitarbeiter in den Filialen verfügten wiederum über Informationen, die nur ihnen zugänglich waren. Doch weder die Zentrale noch die Filialen gaben alle Informationen effektiv weiter.

Dieser mangelnde Austausch teilte das Team in »Insider« und »Outsider«. Kein Wunder, daß manche Mitarbeiter bei den Meetings einfach auszusteigen schienen. Jim war klar, daß er diesen Mißstand nur beheben konnte, wenn er den Informationsaustausch verbesserte.

Artus fuhr fort: »Zweitens haben alle Ritter die gleiche Stellung. Ein Ritter, der in meiner Burg lebt oder mich oft besucht, hat nicht mehr Einfluß als jeder andere Ritter, den ich nicht so häufig sehe. Ich höre mir jede Idee, die ein Ritter vorbringt, aufmerksam und gewissenhaft an. Ich achte darauf, auch von Rittern, die weit von mir entfernt sind, Ideen einzuholen.«

Es war Jim unangenehm, wie sehr er Roberts Vorschläge denen der anderen Teammitglieder vorzog. Er konnte sich nur an eine vom Team in Denver vorgeschlagene Idee erinnern, die tatsächlich ausgeführt wurde, obwohl gerade dieses Team viele andere Ideen vorgebracht hatte. Das war zwar schon schlimm genug, aber immer noch besser als der Stand des Teams in Europa, das bisher noch keine seiner Ideen durchsetzen konnte. Vielleicht war das der Grund, warum die drei europäischen Teammitglieder bei den Meetings entweder schweigend dasaßen oder sich beklagten.

Der König sprach weiter: »Drittens wird jede Idee an der Vision und dem Leitsatz gemessen. Entscheidungen hängen nicht von meiner Präferenz ab oder davon, welcher Ritter gerade in Reichweite ist. Die Ritter können ihre Ideen vorbringen, so oft sie wollen, und sie können darauf vertrauen, daß die Entscheidung objektiv auf der Grundlage unseres Leitsatzes getroffen wird.«

Jim konnte sich selbst hören, wie er seinen Mitarbeitern immer wieder erklärt hatte: »Wir haben das schon in Erwägung gezogen« oder »Wir haben diese Entscheidung schon getroffen«. Dieses »wir« waren Robert und er, und ihre Entscheidungen beruhten darauf, was am einfachsten oder praktischsten war. Jetzt erkannte Jim, daß er durch seine gedankenlosen Anworten jede Diskussion abgewürgt hatte. Er konnte sich ungefähr vorstellen, wie sich seine Mitarbeiter gefühlt haben mußten, wenn er ihre Ideen so schnell vom Tisch fegte.

Artus sagte: »Viertens werden die Ideen der Ritter nie sofort beurteilt oder abgelehnt. Durch ein vorschnelles Urteil wird der Betroffene in die Defensive gedrängt. Und eine Ablehnung kann dazu führen, daß er keine Ideen mehr vorbringt oder ganz aus der Gruppe aussteigt. Darum reagiert der König persönlich auf Ideen, die die Prüfung am Leitsatz nicht bestehen, und er hilft dem Ritter, seine Idee zu verbessern oder zu verstehen, warum sie nicht ausgeführt werden kann. Der Ritter darf niemals das Gefühl bekommen, daß seine Idee wegen meiner Freundschaft zu einem anderen Ritter oder taktischen Überlegungen abgelehnt wurde.«

Jim wußte, daß einige Entscheidungen auf Freundschaft oder taktischen Überlegungen beruhten und nicht auf objektiven Kriterien. Bis jetzt hatte Jims Team noch keinen Leitsatz ausgewählt, aber er hatte sich fest vorgenommen, beim nächsten Meeting darauf zurückzukommen.

Erst jetzt erkannte Jim, daß seine Verantwortung als Leiter des Teams nicht darin bestand, Ideen zu beurteilen. Statt dessen mußte er seinen Mitarbeitern neue Informationen und Perspektiven zu bedenken geben. Er wußte, daß er von nun an nie wieder sagen würde: »Diese Idee geht beim Vorstand sicher nicht durch.« Statt dessen mußte er sicherstellen, daß er die Idee wirklich verstanden hatte und erst dann sagen: »Diese Idee sollte dem Vorstand präsentiert werden. Ich möchte Ihnen noch kurz erläutern, wo seine Bedenken liegen.«

Artus setzte fort: »Fünftens bekommt jeder Ritter die gleichen Möglichkeiten, sich zu profilieren. Ritter wollen ihre Führungsqualitäten zeigen. Jeder Ritter übernimmt eine Führungsrolle, und jeder Ritter hat die Chance, seine Führungsqualitäten bei der Erschaffung von Camelot zu beweisen. Der König muß Wege finden, den Rittern diese Chance zu bieten, auch denen, die er nur selten sieht.«

Jim wurde bei diesen Worten bewußt, daß er den Führungsqualitäten seiner Mitarbeiter mehr Raum geben mußte. Er hatte sich zwar die Zeit genommen, ein hochqualifiziertes Team zusammenzustellen, zögerte aber auf Grund der großen räumlichen Distanz, diese Qualifikationen auch zu nutzen. Er schwor sich, dieses Thema bei der nächsten Gelegenheit zur Sprache zu bringen und allen seinen Mitarbeitern die Möglichkeit zu geben, ihre Führungsqualitäten an der virtuellen Tafelrunde einzubringen.

Der König fuhr fort: »Sechstens wird jeder Ritter der Tafelrunde für seinen Beitrag zu Camelot belohnt oder ausgezeichnet, und zwar sowohl an der Tafelrunde als auch in seiner eigenen Burg. Ich mußte den Rittern die Möglichkeit geben, auf ihre eigenen Leistungen stolz zu sein und ihnen immer neue Herausforderungen bieten, an denen sie wachsen konnten. Ich mußte Wege finden, damit die Ritter auch bei den Menschen in ihren Burgen Anerkennung und Respekt erlangten.«

Jim hatte bis jetzt über Belohnungen und Auszeichnungen noch nicht einmal nachgedacht. In seinem detaillierten Projektplan waren Ziele und wichtige Abschnitte angeführt, aber auf die Idee, das Erreichen eines Ziels oder die erfolgreiche Beendigung eines Projektabschnitts zu feiern, war er nicht gekommen. Jim spürte natürlich die mangelnde Begeisterung seines

Teams, besonders bei den virtuellen Konferenzen, doch er hatte dieses Problem immer auf die Technologie geschoben. In Wirklichkeit lag es wohl daran, daß Anerkennung und Lob Fremdworte für sein Team waren.

Jim erinnerte sich, wie eine seiner Mitarbeiterinnen erwähnte, daß ihre Arbeitsgruppe bis nach Mitternacht geschuftet hatte, um eine wichtige Deadline einzuhalten. Keiner der anderen hatte auch nur ein Wort des Dankes oder der Anerkennung geäußert. Jim fiel auch ein, wie eine andere Mitarbeiterin sich beklagt hatte, daß niemand aus ihrer Arbeitsgruppe ihre Arbeit respektierte, geschweige denn die anderen Mitglieder des weltweiten Teams. Sie sagte, sie fühle sich wie im Niemandsland. Nun erkannte Jim, daß er etwas tun mußte, um die Begeisterung und die Anerkennung innerhalb des Teams zu fördern.

Artus setzte fort: »Siebtens pflegt der König den gleichen Kontakt mit allen Rittern, egal ob sie nah oder fern sind. Wenn Lance an einem Wochenende mein Ehrengast bei einem Turnier ist, steht diese Ehre am nächsten Wochenende einem anderen Ritter zu. Lance sollte erst wieder den Platz an meiner Seite einnehmen, wenn alle anderen Ritter neben mir gesessen sind.

Ich mußte den Rittern, die in weit entfernten Burgen lebten, die gleichen Möglichkeiten des gesellschaftlichen Kontakts mit mir bieten. Wenn ich sie in ihren Burgen besuche, nehme ich an allen gesellschaftlichen Veranstaltungen teil, die für die Ritter wichtig sind. Wenn ich in Camelot mit Lance Zeit verbringe und dann am gesellschaftlichen Leben der Ritter in der Ferne nicht teilnehme, würde ich ihnen den Eindruck vermitteln, daß ich Lancelots Gesellschaft vorziehe.«

Jim hatte alle Meetings von Atlanta aus geleitet. Nun fragte er sich, warum er nicht wenigstens ein paar Konferenzen oder Besprechungen von Denver oder Europa aus geleitet hatte. Er fragte sich auch, warum er nicht jedem Teammitglied die Möglichkeit gegeben hatte, ein Meeting von seiner jeweiligen Niederlassung aus zu leiten. Wenn zum Beispiel Mark per telephonischer Konferenzschaltung eine Besprechung von San Diego aus leiten würde, könnte sich das gesamte Team besser auf die Besonderheiten virtueller Meetings einstellen.

Jim beschloß außerdem, daß er mit Robert über das Problem der Eifersucht innerhalb des Teams sprechen mußte. Er wollte ihre Freundschaft natürlich nicht beenden, aber für die Dauer des Projektes mußten die beiden ihren Kontakt einschränken. Jim nahm sich vor, die Frage des gesellschaftlichen Umgangs mit den Teammitgliedern zu besprechen. Er mußte seine eigene Einstellung dazu ändern und darauf achten, mit allen seinen Mitarbeitern ein Mindestmaß an gesellschaftlichem Kontakt zu pflegen.

Es sah so aus, als wäre Artus am Ende seiner Liste angelangt, also fragte Jim: »Wie sorgt Ihr für Gleichheit, wenn die Karten nicht gleich verteilt sind, Sire? Ich meine, Robert ist in meiner Nähe, und die anderen sind weit entfernt. Soll ich eine Liste darüber führen, wen ich wie oft treffe?«

Artus antwortete: »Eines Tages habe ich mich hingesetzt und tatsächlich eine solche Liste über meinen Kontakt zu den Rittern während einer Woche aufgestellt. Aus dieser Liste ging klar hervor, daß ich fünfzig Prozent meiner Zeit in Camelot und den Rest außerhalb von Camelot verbrachte. Die Ritter in der Ferne beklagten sich nach wie vor, und Camelot war am Zerfallen. Ich hatte zu lange gewartet. Wenn ich nun zurückblicke, weiß ich, *daß ich siebzig oder achtzig Prozent meiner Zeit dafür aufbringen hätte sollen, die Beziehung zu den Rittern in der Ferne zu pflegen*. Nur dann hätten auch sie meine Zeiteinteilung als fünfzig zu fünfzig empfunden.«

Jim warf ein: »Wollt Ihr damit sagen, daß Ihr den Großteil Eurer Zeit auf Reisen verbringen hättet sollen? Mein Budget gibt mir gar nicht die Möglichkeit, soviel unterwegs zu sein. Außerdem bin ich nicht produktiv, wenn ich auf Reisen bin. Und abgesehen davon leidet mein Privatleben hier in Atlanta, wenn ich ständig unterwegs bin. Bei meinem anstrengenden Berufsleben brauche ich diesen Ausgleich aber einfach.«

Artus entgegnete ihm: »Ich sage nicht, daß ich siebzig Prozent meiner Zeit außerhalb von Camelot verbringen hätte sollen. Statt dessen hätte ich mich *siebzig Prozent der Zeit um die Interessen und Bedürfnisse jener Ritter kümmern sollen, die nicht bei mir in Camelot waren*. Ein Teil dieser siebzig Prozent wäre natürlich dafür aufgegangen, die Ritter in ihren eigenen Burgen zu besuchen. Doch den Rest hätte ich dafür verwenden müssen, daß jeder Ritter, egal wo er sich aufhielt, voll und ganz involviert und integriert ist.

Das heißt, ich hätte öfter Knappen mit Nachrichten zu den Rittern in der Ferne entsenden müssen. Ich hätte dafür sorgen müssen, daß sich die Ritter untereinander zusammenschließen, um bestimmte Aufgaben im Zuge des Schaffungsprozesses von Camelot zu erfüllen. Ich hätte den Rittern in der Ferne ein paar persönliche Zeilen schicken müssen, um ihre Leistungen zu honorieren. Ich hätte unsere Versammlungen besser planen müssen, um die wenige Zeit, die wir zusammen verbrachten, auch richtig zu nützen. Ich hätte mich mit den Ideen, die die Ritter mir vorschlugen, eingehender beschäftigen müssen. Ich hätte darauf achten sollen, daß alle Ritter regelmäßig von mir hörten, so daß sie sich respektiert und einbezogen fühlen konnten. Die Menschen in Camelot brauchten meine Zeit und Aufmerksamkeit nicht so sehr, wie jene, die entfernt von mir waren.«

Jim sagte: »Ihr meint also, daß Eure Rolle darin bestand, jedem Ritter in jeder Burg das Gefühl zu vermitteln, daß er ein wichtiger Teil der Erschaffung von Camelot war, auch wenn er weit von Euch entfernt war? Ihr habt Vertrauen aufgebaut, indem Ihr Wege gefunden habt, alle einzubeziehen. Ihr habt Vertrauen zu Euch als Anführer aufgebaut, indem Ihr auf die Bedürfnisse und Empfindungen der Ritter in der Ferne besondere Rücksicht nahmt. Damit ein Team erfolgreich sein kann, darf nicht einmal der Verdacht aufkommen, daß irgend jemand bevorzugt wird.«

Artus entgegnete: »Ja, Jim. Das stimmt genau. Vertrauen ist die Grundlage, wie Du ja schon weißt. Alle Ritter mußten darauf vertrauen können, gleichwertige Mitglieder der Tafelrunde zu sein. Eine Person zu bevorzugen zerstört das Vertrauen. *Selbst der Verdacht, daß eine Person bevorzugt wird, zerstört das Vertrauen.*«

Jim unterbrach ihn: »Glaubt Ihr, daß die bevorzugte Behandlung von Robert meine Fähigkeit einschränkt, die Beiträge der Teammitglieder in der Ferne fair zu bewerten? Ich kann mich an so viele Male erinnern, als ich die Ideen von Mitarbeitern, die anderer Meinung waren als ich, einfach überging. Erst gestern habe ich eine Idee von Dieter in Deutschland abgelehnt, weil es mir zu mühsam war, ihn zu verstehen.«

Artus antwortete: »Das habe ich auch getan. Ich habe das Vertrauen meiner Ritter gebrochen, weil ich zu sehr auf Lancelot vertraute. Die Ritter sagten mir Dinge, die ich nicht hören wollte, aber hören mußte. Ich weiß, daß ich ein besseres Camelot errichten hätte können, wenn ich auf die Ideen von mehr als nur einem Menschen gehört hätte.

Jedesmal, wenn ich nicht darauf hörte, was die Ritter mir über Lancelot oder ein anderes Thema zu sagen hatten, brach ich ihr Vertrauen. *Sie vertrauten darauf, daß ich, als ihr Anführer, Lancelot zur Rede stellen würde, weil er die Verhaltensregeln für die Ritter der Tafelrunde gebrochen hatte. Es war meine Aufgabe, ihn dafür zur Rede zu stellen.*

Ich hatte nicht den Mut dazu, weil er mein Freund war. Ein Ritter nach dem anderen forderte mich auf, etwas gegen Lancelots

Vergehen zu unternehmen. Ich wollte diesen Rittern nicht zuhören. Durch das Vakuum, das durch die räumliche Entfernung entstand, konnte ich ihre Klagen leichter übergehen. Ich mußte nicht handeln. Ich verschanzte mich hinter diesem Vakuum und ignorierte das Problem.«

Jim sagte: »Ein Problem zu ignorieren oder sich hinter der Entfernung zu verstecken ist also ganz falsch.«

Artus erwiderte: »Genau, Jim. Durch die Distanz ist das, was die *Ritter* sehen können, eingeschränkt. Und das, was *Du* als Anführer sehen kannst, ist genauso eingeschränkt. Darum ist es so wichtig, daß der König alle Ideen und Vorschläge anhört und für alles aufgeschlossen ist, was die Ritter sonst noch zu sagen haben – selbst wenn es unangenehme Dinge sind.

Wenn Dich Deine Ritter über eine Angelegenheit informieren, die im Widerspruch zu einem der Grundwerte Deiner virtuellen Tafelrunde steht, wie etwa den Verhaltensregeln, dann liegt es in Deiner Verantwortung, nach diesen Informationen zu *handeln* und nicht sie zu ignorieren. *Egal, welcher Ritter gegen die Grundregeln verstößt und wo er sich aufhält, der Anführer darf sich niemals hinter der Distanz verstecken und das Problem ignorieren.*

In meinem Fall erwarteten die Ritter der Tafelrunde, daß ich etwas unternähme. Meine Rolle als König bestand darin, Vertrauen aufzubauen und mich auf eine Weise zu verhalten, die Vertrauen ermöglichte und förderte. Die Ritter vertrauten darauf, daß ich bei meinen Handlungen den Regeln folgte, die wir gemeinsam vereinbart hatten. Es war ein schwerer Fehler von mir, nicht genug Vertrauen zu den Rittern zu haben, um ihre Sicht der Dinge anzuhören, besonders weil es um einen Grundwert ging, der eine Grundlage des Vertrauens war.«

Jim fragte: »Wann habt Ihr erkannt, daß das Problem große Bedeutung hatte?«

Artus antwortete: »Ich bemerkte, daß die Ritter begannen, sich zu Cliquen zusammenzuschließen. Einzeln und gemeinsam verhöhnten sie Lancelot und suchten die direkte Konfrontation mit ihm. Irgendwann begannen sie, mich hinter meinem Rücken der Schwäche zu beschuldigen, und später sagten sie es mir auch ins Gesicht. Darum habe ich Dich darauf angesprochen, als ich sah, wie Deine Ritter Dich und Robert angriffen. Es waren deutliche Warnsignale, Jim.

Mein Fehler lag darin, wie ich auf die Informationen der Ritter reagierte. Als einige versuchten, mir von den negativen Gerüchten über Lancelot zu erzählen, habe ich Excalibur falsch eingesetzt. Ich hielt es dem Ankläger an die Kehle und stellte ihn vor die Wahl, seine Worte zurückzunehmen oder zu sterben. Widerwillig nahm er seine Worte zurück.«

Artus sprach mit großer Eindringlichkeit weiter: »Du mußt Dir unbedingt merken, Jim, daß der Niedergang des Vertrauens den Niedergang Deiner virtuellen Tafelrunde bedeutet. *Deine Ritter vertrauen darauf, daß Du fair und konsequent handelst und jeden Ritter zur Verantwortung ziehst, wenn er sich nicht an die Regeln hält.* In meinem Fall haben sich einige der Ritter zusammengeschlossen, als sie sahen, daß ich das nicht tat. Und diese Ritter halten nun meine Burg besetzt.«

Jim verstand, was Artus ihm sagen wollte. Zur Zeit verließ er sich zu sehr auf Robert. Er gab den Mitarbeitern, die nicht in seiner Nähe waren, nicht genug Möglichkeiten, sich zu profilieren. Er erkannte, daß er negative Vorfälle nicht länger übergehen konnte, in der Hoffnung, daß sie sich durch die Entfernung von selbst erledigen würden. Jim nahm sich fest vor, diese drei Punkte zu verändern.

Nun hatte er noch eine wichtige Frage zum Thema Vertrauen, die er seinem königlichen Berater stellen mußte.

Merlin

Eine Ebene des Vertrauens, die Artus bis jetzt nicht angesprochen hatte, beschäftigte Jim noch. Er fragte sich, wie er als Teamleiter lernen konnte, auch jenen Mitarbeitern voll zu vertrauen, die nicht in seiner unmittelbaren Reichweite waren. Weil zwischen ihm und vielen Teammitgliedern große Entfernungen lagen, hatte er nicht die Möglichkeit, zu ihnen eine vertrauensvolle Beziehung wie die zu Robert aufzubauen. Bei dem Gedanken, irgend jemandem außerhalb von Atlanta voll und ganz zu vertrauen, liefen ihm Angstschauer über den Rücken.

Artus beobachtete Jims Gesicht, während dieser alle seine Gedanken zum Thema Vertrauen verarbeitete. Er sah, wie Hoffnung und Sicherheit in Verwirrung umschlugen. Jims unglücklicher Gesichtsausdruck veranlaßte Artus zu der Frage: »Wenn ich Dich so ansehe, habe ich das Gefühl, daß Du mir noch eine Frage stellen möchtest, Jim. Habe ich recht?«

Jim lachte, weil ihn Artus' Beobachtungsgabe schon wieder überraschte. »Ja, Eure Majestät. Ich habe über Vertrauen nachgedacht. Ihr habt mir bewußt gemacht, wie wichtig es ist, Vertrauen zu schaffen. Aber es gibt noch einen Punkt, über den ich mir im unklaren bin.

Ich habe ein Problem, das seinen Ursprung darin hat, wie ich zu führen gelernt habe. Es fällt mir sehr schwer, meinen Rittern in der Ferne zu vertrauen. Ich habe keinen genauen Überblick über ihre Arbeit, und es würde dem Projekt sehr schaden, wenn sie Fehler machten. Ich schätze, ich habe ein starkes Bedürfnis, meine Mitarbeiter genau im Auge zu behalten und ihre Arbeit aus allernächster Nähe zu verfolgen.

Es ist so einfach, Robert Aufgaben zu übertragen. Ich kenne Robert. Ich kenne seine Arbeit. Ich vertraue ihm blind. Zu den anderen Teammitgliedern, die nicht in meiner Nähe sind, habe ich nicht einmal annähernd so viel Vertrauen. Ich vertraue nicht darauf, daß sie ihre Arbeit kompetent erledigen. Ich weiß nicht, wie sehr sie sich für das Projekt engagieren. Ehrlich gesagt glaube ich auch nicht, daß die Teammitglieder Vertrauen zueinander haben. Ich fühle mich einfach nicht wohl bei dem Gedanken, daß wir trotz der großen Entfernungen zusammenarbeiten müssen.«

Artus fragte: »Warum widerstrebt es Dir so, darauf zu vertrauen, daß die Ritter in der Ferne kompetent arbeiten?«

Jim hätte ein Dutzend Fälle aufzählen können, als kostbare Zeit und Ressourcen durch nachlässiges, inkompetentes Arbeiten verschwendet worden waren. Aber er beschloß, Artus nur von einem Vorfall zu erzählen.

»Es widerstrebt mir, weil ich mir ein paar Mal ordentlich die Finger verbrannt habe, Eure Majestät. Damit Ihr mein Problem verstehen könnt, muß ich ein bißchen weiter ausholen.

Im Jahr 2000 herrscht ein gigantischer Leistungsdruck, und dieser hohe Anspruch erstreckt sich bis auf die kleinsten Details der Produkte und Dienstleistungen, die wir anbieten. Wir müssen unseren Kunden ein exzellentes Service bieten. Die Qualität der Produkte muß praktisch perfekt sein, und die Lieferung muß absolut pünktlich erfolgen, wie wir es zugesichert haben.

Um wettbewerbsfähig zu sein, muß mein Projektteam gleichzeitig strenge Qualitätsnormen erfüllen und die meist sehr knapp bemessenen Lieferfristen einhalten. Überschrittene Fristen können Millionen Dollar an verlorenen Einnahmen bedeuten. Wenn irgendein Teammitglied es nicht schafft, seine Arbeit einwandfrei und pünktlich zu erledigen, kann uns das um Wochen oder sogar Monate zurückwerfen.

Jedes Problem, das bisher bei diesem Projekt aufgetreten ist, hatte mit einem Mitarbeiter zu tun, der nicht in Atlanta arbeitet. Vor drei Wochen habe ich zum Beispiel Dieter in Deutschland mit einer Aufgabe betraut. Ich habe ihm genau erklärt, was ich wollte, gab ihm zwei Wochen Zeit und fragte ihn, ob er alles verstanden hätte. Er sagte Ja.

Am Ende des Telephongesprächs hatte ich das Gefühl, daß wir eine klare Abmachung getroffen hatten. Ich hörte erst wieder von ihm, als er die Arbeit erledigt hatte. Er war zwar pünktlich fertig geworden, war aber meinen Anweisungen nicht gefolgt. Wie kann ich jemandem vertrauen, der seine Arbeit nicht richtig macht?« fragte Jim mit einem Gesichtsausdruck, der seine Verzweiflung und auch seinen Ärger deutlich machte.

Artus entgegnete: »Du bist also wütend auf Dieter, weil er seine Arbeit nicht richtig gemacht hat.«

Jim rief: »Ja! Durch diesen Fehler verzögerte sich die Phase I um zweieinhalb Wochen. Es ist meine größte Angst, daß andere das gleiche machen, und ich bin fast sicher, daß sie das tun werden. Letztendlich hat Robert die Sache übernommen und die verlorene Zeit wie durch ein Wunder aufgeholt.

Wir können es uns bei diesem Projekt einfach nicht leisten, Zeit zu verschwenden, Eure Majestät. Wir haben keine Zeit für

Fehler. Immer wenn ich Robert eine Aufgabe übertrage, schlafe ich in der Nacht wie ein Baby. Immer wenn ich jemandem außerhalb von Atlanta eine Aufgabe übertrage, kann ich *kein Auge zutun*. Es bedeutet wirklich großen Streß für mich, jemandem außerhalb meiner unmittelbaren Reichweite zu vertrauen. Hattet Ihr mit den Rittern der Tafelrunde auch dieses Problem, Eure Majestät?«

Artus antwortete: »Ich stand nicht unter demselben Leistungsdruck wie Du. Wir standen unter einem anderen Druck. Unser Druck entstand nicht dadurch, daß wir Camelot bis zu einem bestimmten Datum errichten mußten, wie etwa bis zum 1. September. Doch wir mußten Camelot schnell genug erbauen, um die Motivation der Ritter hoch zu halten.

Du darfst nicht vergessen, daß die Regierungszeit meiner Vorgänger eine Ära der Kriege und der Willkür gewesen war. Erinnerst Du Dich an die Geschichte über meine erste Begegnung mit Sir Sagramore? Am Anfang war er nicht nur gleichgültig, er verhöhnte mich sogar, weil ich behauptete, daß unter meiner Herrschaft alles anders werden würde. Er ließ sich nicht überzeugen, bis ich ihm ein Symbol gab, an das er glauben konnte – die Tafelrunde.

Mindestens die Hälfte der Ritter hatte dieselbe Einstellung wie Sagramore. Die Tafelrunde gab allen Rittern ein Symbol für jene Veränderungen, die ich durchführen wollte, und für die Rolle, die sie dabei spielen würden. Doch die Tafelrunde war nicht genug. Sie war ein Symbol, das *ich* ihnen gegeben hatte. Sie war kein Symbol, *das sie selbst ausgewählt hatten.*

Ich wußte, daß ich die Errichtung der Burg von Camelot rasch vorantreiben mußte. Wir brauchten ein sehr schnelles Erfolgserlebnis, an dem alle Ritter teilhaben konnten.

An der Tafelrunde sprach ich das Herz und den Verstand der Ritter an, indem ich sie in die Erschaffung von Camelot einbezog. Doch Ritter wollen mehr als nur reden. Ritter sind tatendurstige Männer. Sie wollen Ergebnisse, und zwar schnell. Also machten wir uns sofort an eine Aufgabe, deren Bewältigung ein greifbares Ergebnis unserer Zusammenarbeit sein würde – die Burg von Camelot. Camelot würde als Symbol für ihre Leistungen als Gruppe stehen.

Nachdem wir bei unserer ersten Versammlung mehrere Tage über Camelot gesprochen hatten, brannten die Ritter darauf, mit der Erbauung zu beginnen. Sie waren bereit, sofort zu ihren Burgen zurückzureiten und mit der Arbeit zu beginnen. Sie wollten keine Minute länger warten.«

Jim erinnerte sich, daß auch seine Mitarbeiter voller Ungeduld auf den Startschuß für das Projekt gewartet hatten. Er wußte nicht, ob das an dem Leistungsdruck oder an etwas anderem lag. Doch sobald die Leute eine Vorstellung von ihren Aufgaben hatten, wollten sie sofort damit beginnen – selbst wenn sie noch nicht alle Einzelheiten kannten.

Artus fuhr fort: »Gott sei Dank konnte ich die Ritter dazu überreden, noch einen Tag zu bleiben. Instinktiv wußte ich, daß wir noch einen weiteren Schritt tun mußten, bevor sie sich in alle Himmelsrichtungen zerstreuten. Widerwillig gaben sie nach.

In dieser Nacht ging ich zu dem Baum im Wald, um Merlin zu treffen. Er war mein Mentor, und ich wollte herausfinden, ob ich noch etwas tun mußte, bevor die Ritter zu ihren Burgen aufbrachen.

Ich war so aufgeregt über die wunderbaren Tage mit den Rittern, daß meine Worte sich überschlugen, als sie aus meinem Mund sprudelten. Es war so spannend, zu sehen, wie meine Vorstellungen von der Tafelrunde Gestalt annahmen und die Ritter einer nach dem anderen Feuer fingen.

Dann fragte Merlin: ›Wissen die Ritter, was sie in den nächsten sechs Monaten in ihren Burgen tun müssen?‹

Ich antwortete stürmisch: ›Aber natürlich, Merlin. Sie müssen wissen, was zu tun ist. Wir haben zwei Tage lang über die Burg gesprochen. Jeder soll fünfzig große Steine von seinem Grund und Boden mitbringen. Wir werden diese Steine verwenden, um die Außenmauern und die Türme zu bauen. Die Ritter werden die schönsten Steine in ihrer ganzen Umgebung aussuchen und sie in sechs Monaten nach Camelot bringen. Die Burg wird im Handumdrehen fertig sein. Dann können wir unseren ersten großen Erfolg als Ritter der Tafelrunde feiern!‹«

Jim versuchte sich vorzustellen, wie viele Tonnen Stein damals transportiert werden mußten. Tonnen von Stein mit Pferden und Karren zu transportieren mußte zu Artus' Zeit ein unglaublich schwieriges Unterfangen gewesen sein. Bei dem Gedanken an das Gewicht der Steine, die hügelige Landschaft und die primitiven Straßen hatte Jim eine ungefähre Vorstellung von der gigantischen Aufgabe, die die Ritter auf sich genommen hatten.

»Auf Merlins Gesicht zeigte sich nicht das geringste Lächeln. Dann fragte er mich: ›Wie wird die Burg aussehen, wenn sie fertig ist, Artus?‹

Ich antwortete: ›Sie wird aussehen wie das Modell von Camelot, das ich vor fünf Jahren gebaut habe, Merlin. Ich habe den Rittern alles über das Modell erzählt.‹«

Artus erklärte Jim, was es mit diesem Modell auf sich hatte: »Das Modell wurde wenige Monate, nachdem ich es fertig hatte, während eines starken Sturms ins Meer geweht. Innerhalb von Sekunden trieb ein mächtiger Windstoß das Ergebnis meiner tagelangen Arbeit über die Klippen. Ich habe mich damals schrecklich darüber aufgeregt.

Merlin ermöglichte mir jedoch, das Modell wieder zu sehen. Er zeigte es mir in seiner Kristallkugel. Als ich es nach so vielen Jahren wieder sah, war ich selbst erstaunt darüber, wie schön und ausgefeilt es war.

Ich konnte mich nicht zurückhalten und machte eine Bemerkung über meine Geschicklichkeit: ›Bei dieser Burg habe ich ganze Arbeit geleistet, nicht wahr, Merlin? Camelot sieht unbezwingbar und schön zugleich aus. Ich kann es gar nicht erwarten, die Burg in Wirklichkeit zu sehen.‹

Merlin erwiderte: ›Die Burg *ist* schön, Artus. Hast Du ein neues Modell gebaut, damit die Ritter sich vorstellen können, wie die fertige Burg aussehen soll?‹

Ich sagte: ›Nein, aber ich habe sie ihnen beschrieben – mehrere Male. Und alle haben über jene Details gesprochen, die sie hinzufügen möchten. Sie haben immer wieder gesagt, wie prachtvoll die Burg aussehen wird.‹

Merlin fragte, auf welche genauen Angaben wir uns bezüglich der Steine geeinigt hätten.

Ich antwortete: ›Die Ritter bringen große Steine – die schönsten, die sie auf ihrem Land finden können.‹«

Nun wandte sich Artus wieder direkt an Jim: »Merlin hatte unglaublich mächtige Zauberkräfte, Jim. Mit seiner Kristallkugel konnte er in die Zukunft und in die Vergangenheit sehen. Er deutete mir, mich vor die Kristallkugel zu stellen, damit er mir die Zukunft zeigen konnte, die ich bei der Versammlung geschaffen hatte.

Merlin fragte: ›Möchtest Du wissen, wie die Burg gemäß der Beschreibung, die Du den Rittern gegeben hast, aussehen wird, Artus?‹

Begeistert antwortete ich: ›Oh ja! Mit all den wunderbaren Ideen, die die Ritter hatten, wird sie sicher noch viel schöner als das Modell, das ich vor fünf Jahren gebaut habe. Ich kann sie schon auf dem Hügel thronen sehen, wie sie majestätisch über die herrliche Landschaft blickt.‹

Merlin sagte: ›Ich werde Dir die nächste Versammlung der Tafelrunde in sechs Monaten zeigen.‹ Neugierig blickte ich in die

Kristallkugel und erwartete, daß das Bild darin mit meinen Vorstellungen übereinstimmen oder diese sogar noch übertreffen würde. Davon konnte allerdings überhaupt keine Rede sein!

Ich war entsetzt. Die Burg sah nicht im geringsten so aus, wie ich erwartet hatte. Jeder der Ritter hatte fünfzig Steine gebracht. Doch die Steine paßten nicht zueinander. Einige waren rauh, andere glatt. Manche waren braun, manche grau. Ein paar waren so groß wie ein ausgewachsener Mann, andere hatten nicht einmal die Größe eines fünfjährigen Kindes. Statt einer herrlichen Burg, die majestätisch auf einem Hügel thronte, sah ich einen riesigen Haufen aus Steinen, die nicht zusammenpaßten.

Ich ging um die Kristallkugel herum, um die anderen Seiten des Hügels sehen zu können. Da waren Sir Sagramore, Sir Dinadan, Sir Lionel und acht andere Ritter, die alle versuchten, aus den Steinen, die sie mitgebracht hatten, verschiedene Teile der Burg zu bauen. Jeder kümmerte sich nur um seinen eigenen Teil, und die einzelnen Teile ergaben alles andere als ein harmonisches Ganzes. Es sah so aus, als würde die Burg aus elf verschiedenen Bauwerken bestehen statt aus einem. Camelot war ein Chaos!

Ich war völlig außer mir, als ich das sah. Selbstgerecht wandte ich mich an Merlin: ›*Sieh Dir nur das Chaos an, das die Ritter da angerichtet haben. Keiner von ihnen hat Camelot ernstgenommen. Sie haben nur meine Zeit verschwendet. Ihr Interesse und Engagement waren eine Lüge. Und sie haben mich auch angelogen, als sie behaupteten, daß sie meine Anweisungen verstanden hatten. Wie soll ich Rittern vertrauen, die nicht zuhören und ihre Aufgaben erfüllen können?*‹

Merlin war bestürzt über meine Worte. Er fragte: ›Du glaubst also, daß Deine Ritter Dich hintergangen haben, Artus?‹«

Jim hörte aufmerksam zu. Die Reaktion, die Artus gerade beschrieben hatte, glich aufs Haar seiner eigenen, wenn seine Teammitglieder ihre Arbeit nicht korrekt erledigten.

Artus fuhr fort: »›Ja! Sie haben mich belogen und hintergangen. Sieh sie Dir doch nur an! Sie haben nicht nur die falschen Steine mitgebracht, jetzt fangen sie auch noch an miteinander zu kämpfen, genauso wie in der Zeit, bevor ich König wurde. Sie haben mir Treue und Loyalität geschworen, aber sieh nur, wie schnell sie ihren Schwur brechen.‹

In kürzester Zeit brachen gleich mehrere Kämpfe aus. Einige Ritter mockierten sich über die Ideen anderer Ritter. Andere lachten über die riesigen Löcher, die in den Türmen aus Stein klafften. Einige Ritter, die unbehauene Steine mitgebracht hatten, begannen die wunderschön gemeißelten Steine anderer Ritter zu verunstalten. Und ein Ritter, der nur kleine Steine gebracht hatte, wurde von den anderen auf niederträchtige Weise verhöhnt.

Ich war völlig durcheinander. Überall, wo ich auch hinsah, herrschte das reinste Chaos. Also sagte ich zu Merlin: ›Ich muß unbedingt herausfinden, warum die Ritter sich so verhalten.‹

Merlin verwandelte mich daraufhin in ein Eichhörnchen und versetzte mich in die Szene, die ich gerade in der Kristallkugel gesehen hatte. Behutsam setzte er mich in dem Feld von Steinen ab und befahl mir, den Rittern genau zuzuhören, während ich herumlief. Es dauerte nicht lange, bis ich die Antwort auf meine Frage fand.«

Jim unterbrach den König: »Warum haben die Ritter einander bekämpft?«

»Es gab zwei Gründe für ihr Verhalten, Jim. Erstens stritten sie über die Anweisungen, die ich ihnen ein halbes Jahr zuvor gegeben hatte. Ich dachte, daß jeder Ritter der Tafelrunde nach unserer ersten Versammlung eine genaue Vorstellung davon hatte, was er bis zu unserem nächsten Treffen in seiner Burg tun sollte.

Doch während ich in der Gestalt eines Eichhörnchens zwischen den Rittern umherlief, wurde mir klar, daß meine Beschreibung von Camelot überhaupt nicht eindeutig gewesen war. Ich war nie auf die Idee gekommen, daß die Ritter mich nicht richtig verstanden haben könnten, und dennoch war offensichtlich jeder Ritter mit einer völlig anderen Auslegung meiner Worte von dannen gezogen. Ich hatte nicht genug darauf geachtet, daß jeder *eine ganz klare Vorstellung* von seinen Aufgaben für die nächsten sechs Monate bekam.

Voller Entsetzen mußte ich zusehen, wie die Ritter ihre Schwerter gegeneinander erhoben. Einige meinten, daß Gott entscheiden sollte, wer meine Worte richtig verstanden hatte. Sie beschuldigten einander der Dummheit und der mangelnden Hingabe an die Aufgaben eines Ritters der Tafelrunde.«

Artus wandte sich direkt an Jim: »*Du* weißt, wie sehr mir an einer friedlichen Zusammenarbeit der Ritter gelegen war. Und nur weil ich mich nicht klar ausgedrückt hatte, verfielen sie wieder in ihre alte Gewohnheit, alle Streitigkeiten mit den Schwertern auszutragen.«

Artus wandte den Blick ab, als er fortfuhr: »Der zweite Grund, warum die Ritter einander bekämpften, lag darin, daß sie wütend waren, weil sie ihre Zeit und ihre Energie verschwendet hatten. Einer der Ritter hatte ein ganzes Monat damit verbracht, die richtigen Steine für Camelot zu finden. Er hätte einfach die fünfzig nächstbesten Steine nehmen können. Statt dessen war er beflügelt von dem Gedanken, nur die *allerbesten* Steine für Camelot auszuwählen. Diese Steine, die der Ritter mit so viel Liebe und Sorgfalt ausgesucht hatte, lagen nun unter hunderten anderen Steinen begraben. Er war ärgerlich und enttäuscht, weil er so viel Zeit geopfert hatte und nun sehen mußte, daß seine Mühe umsonst gewesen war.«

Jim hatte das Gefühl, als hätte ihm jemand mit einem Riesenhammer auf den Kopf geschlagen. Nicht nur er war frustriert gewesen, als Dieter nach zwei Wochen nicht die richtigen Ergebnisse brachte. Erst jetzt ging Jim auf, wie frustriert Dieter gewesen sein mußte, weil er zwei Wochen seiner Arbeitszeit verschwendet hatte.

Artus fuhr mit der Beschreibung der Eindrücke fort, die er als Eichhörnchen gesammelt hatte: »Ich lief schnell zu einem anderen Stein und belauschte ein Gespräch zwischen zwei Rittern. Einer der beiden hatte fünfzig *riesige* Steinbrocken nach Camelot gebracht. Er hatte fast alle seine Pferde für den Transport einsetzen müssen. Zwei seiner Diener waren zerquetscht worden, als einer der Steine vom Karren rollte. Fünf Pferde waren auf dem Weg nach Camelot infolge der großen Anstrengung gestorben. Doch die Steine dieses Ritters lagen nun ebenso nutzlos auf dem Feld herum wie alle anderen.

Während ich von einem Ritter zum anderen lief, wurde mir klar, daß alle große Mühen und Kosten auf sich genommen hatten, um die Steine quer durchs ganze Land zu mir zu bringen. Sie waren außer sich vor Wut über das Chaos, vor dem sie nun standen. Viele waren drauf und dran, alles hinzuwerfen.«

Jim dachte daran, wie viel Zeit seine Mitarbeiter verschwendet hatten, weil die Anweisungen und Vereinbarungen nicht eindeutig gewesen waren. Das Unternehmen verlor Geld, aber die Teammitglieder gehörten auch zu den Verlierern, weil sie ihre Energie und Zeit umsonst investiert hatten.

Artus sprach weiter: »Noch größer als ihre Frustration war allerdings ihre Wut auf *mich*. Sie hatten darauf vertraut, daß *ich* die Arbeit organisieren würde, damit Camelot in Rekordzeit errichtet werden konnte. Ich brach ihr Vertrauen, weil ich mich nicht klar ausdrückte.

Als Merlin mich wieder zurückverwandelte und in die Gegenwart holte, hatte sich meine Einstellung von Grund auf geändert. Vor meinem Ausflug in die Zukunft war ich davon überzeugt gewesen, daß die Ritter mein Vertrauen gebrochen hatten. Nun wußte ich, daß das Problem nicht an ihnen lag. *Es lag an mir!* Ich hatte ihr Vertrauen gebrochen, weil ich mich nicht klar und deutlich ausgedrückt hatte.«

Jim schluckte. Er wollte gar nicht daran denken, wie oft er sich klarer ausdrücken hätte können. Er war bisher noch gar nicht auf die Idee gekommen, daß seine unklaren Aussagen das Vertrauen seiner Mitarbeiter zerstören konnten. Doch Artus' Worte hatten ihm das mehr als deutlich gemacht.

Nach einer kurzen Pause sprach Artus weiter: »Ich hatte nun keinen Zweifel mehr daran, daß klare, unmißverständliche Aussagen entscheidend für den Erfolg, das Vertrauen und die Arbeitsmoral sind. Ich mußte lernen, daß Reden allein nicht genug ist. Ich mußte einen Weg finden, mich klarer auszudrücken, um Mißverständnissen vorzubeugen. Wenn mir das nicht gelang, lief ich Gefahr, die Ritter der Tafelrunde und Camelot zu verlieren.«

Jim fragte: »Was habt Ihr also getan, Sire?«

Artus antwortete: »Ich war verzweifelt, Jim. Ich konnte nicht riskieren, daß die Tafelrunde scheiterte. Es wäre eine Katastrophe für das gesamte Land gewesen. Also fragte ich Merlin: ›Was kann ich tun, damit dieser Ausblick in die Zukunft nicht zur Realität wird? Ich dachte, ich hätte meine Vorstellungen klar ausgedrückt. Ich dachte, die Ritter hätten meine Ideen verstanden.‹«

Jim fühlte sich ertappt, denn genau das war ihm selbst schon oft durch den Sinn gegangen! Er erinnerte sich, daß er mit seinen Mitarbeitern etwas vereinbart hatte, nur um einige Wochen später die falschen Ergebnisse präsentiert zu bekommen.

»Merlin erwiderte: ›Artus, Du hast gesagt, daß Du drei Tage damit verbracht hast, die Burg von Camelot zu beschreiben und mit den Rittern der Tafelrunde darüber zu sprechen. Werfen wir doch einen Blick in die Kristallkugel, um die Burg zu sehen, die Dir bei diesen Gesprächen vorschwebte.‹

Die Burg, die ich nun in der Kristallkugel sah, entsprach bis ins letzte Detail dem Modell, das ich fünf Jahre zuvor gebaut hatte. Von genau dieser Burg hatte ich in der Tafelrunde gesprochen.

Dann sagte Merlin: ›Nun möchte ich Dir das Bild zeigen, das in den Köpfen Deiner Ritter von Camelot entstand. Du kannst selbst einen auswählen.‹

Ich dachte als erstes an Sir Sagramore, der bei unseren Gesprächen gleich neben mir gesessen war. Ich war fest überzeugt, daß er mich richtig verstanden hatte und seine Vorstellungen sich weitgehend mit meinen deckten. Doch als ich in die Kristallkugel blickte, mußte ich feststellen, daß Sagramores Camelot nicht die geringste Ähnlichkeit mit meinem aufwies!

Dann fiel mir Sir Dinadan ein. Er hatte nicht nur meinen Beschreibungen an der Tafelrunde aufmerksam gelauscht, sondern konnte sich auch auf das Bild stützen, das wir damals auf dem Feld gemeinsam entworfen hatten. Doch nach einem kurzen Blick in die Kristallkugel wurde mir klar, daß auch Dinadans Vorstellung von meiner eigenen stark abwich. Sein Camelot war viel größer als meines. Es hatte kunstvolle Türme, die so hoch waren, daß sie fast die Wolken berührten. Die Konstruktion war so komplex, daß selbst die besten Architekten des Landes nicht imstande gewesen wären, sie zu verwirklichen.

Merlin ermöglichte mir noch Einblick in die Köpfe einiger anderer Ritter, und es stellte sich heraus, daß ihre Vorstellungen von Camelot ebenso unterschiedlich waren wie ihre Gesichter. Keine der Burgen, die ich in der Kristallkugel sah, war meinem Camelot ähnlich.

Damit möchte ich sagen, Jim, daß jeder Ritter seine eigene Vorstellung hatte. Worte allein waren nicht ausreichend, um meine Ideen auch über räumliche Distanzen hinweg klar und deutlich zu vermitteln. *Ritter, die isoliert arbeiten, agieren in ei-*

ner Art Vakuum, das durch die Entfernung entsteht. Ich mußte also dafür sorgen, daß unsere Vorstellungen von Camelot übereinstimmten.

Der Blick in die Zukunft, den Merlin mir gewährt hatte, machte mir klar, daß ich etwas ändern mußte, wenn ich das Desaster, das ich in der Kristallkugel gesehen hatte, vermeiden wollte.

Also fragte ich Merlin: ›Was kann ich tun, um Mißverständnissen vorzubeugen?‹

Merlin riet mir, an den Haufen Steine zu denken, die die Ritter mitgebracht hatten. Dann meinte er: ›Sag' Du mir, was Du anders machen könntest, und ich werde Dir das Ergebnis in der Kristallkugel zeigen.‹

Niemand, den ich kannte, konnte sich so klar und verständlich ausdrücken wie Merlin. Ich versuchte mich daran zu erinnern, wie er das anstellte, und wandte seine drei wichtigsten Methoden auf meine Situation an.

Ich sagte: ›Erstens werde ich den Rittern einen *visuellen Anhaltspunkt* geben – ein detailliertes Bild der Burg.‹

›Wie? Drück' Dich genauer aus, Artus‹, forderte Merlin.

›Bei der nächsten Versammlung der Tafelrunde werde ich ihnen etwas Konkretes zum *Anschauen* geben, an das sie sich erinnern können. Ich werde ein neues Modell anfertigen, nur diesmal werde ich aufpassen, daß der Wind es nicht davonträgt. Ich werde einen oder mehrere fertige Steine in den Saal bringen lassen, in dem unsere Versammlungen stattfinden. Ich werde die Ritter auf die wichtigsten Merkmale aufmerksam machen, die sie beachten müssen.

Ich werde auch ein Bild der Burg oder eines Teiles der Burg und der Steine zeichnen und die genauen Maße dazuschreiben. Ich werde dafür sorgen, daß jeder Ritter eine Kopie dieser Zeichnungen bekommt, an der er sich orientieren kann, wenn er in seiner Burg arbeitet.‹

Merlin stimmte mir zu: ›Du hast recht, Artus. Um sich wirklich klar auszudrücken, braucht man genaue Bilder, die jedes Detail zeigen.‹

Als ich nun in die Kristallkugel blickte, sah ich, daß viele der Steine die gleiche Größe hatten. Und einige Ritter begannen, mit diesen gleich großen Steinen die Mauern der Burg zu errichten.

Also fuhr ich fort: ›Zweitens werde ich den Rittern einen *greifbaren Anhaltspunkt* geben. Ich werde einen guten Steinmetz kommen lassen, der den Rittern zeigen wird, wie sie die Steine bearbeiten sollen. Ich werde die Ritter auffordern, zur Übung gleich einige Steine zu behauen, noch *bevor* sie in ihre Burgen zurückkehren, und ein Modell zu errichten, damit sie sehen können, wie die Steine zusammenpassen. Dadurch stelle ich sicher, daß die Ritter in sechs Monaten gleich große und richtig behauene Steine mitbringen.‹

Merlin antwortete: ›Auch damit hast Du recht, Artus. Um Mißverständnisse zu vermeiden, mußt Du den Rittern etwas geben, das sie mit ihren Händen *begreifen* können. Wenn sie nicht nur ihren Verstand, sondern auch ihren Körper einsetzen, werden sie sich besser an Deine Anweisungen erinnern.‹

Als ich nach Merlins Worten erneut in die Kristallkugel blickte, bot sich mir wieder ein anderes Bild. Die Steine, die zuvor ungleich behauen gewesen waren, wiesen nun alle die gleiche Form auf. Nun paßten sie zusammen, und es war nur noch ein wenig Lehm erforderlich, um die Zwischenräume auszufüllen. Außerdem hatten auch mehr Ritter als zuvor mit der Errichtung der Burgmauern begonnen.

Ich fuhr fort: ›Drittens brauchen die Ritter einen *verbalen Anhaltspunkt*. Sie brauchen Beschreibungen, Definitionen und Vergleiche. Ich werde darauf achten, daß wir bei unseren Besprechungen nicht zu allgemein bleiben, sondern auch auf Einzelheiten eingehen. Ich werde Vergleichsmöglichkeiten finden oder mich auf das konkrete Beispiel anderer Burgen beziehen. Ich werde wichtige Begriffe, Maße oder Konzepte hervorheben und die Ritter auffordern, ohne Scheu alle Fragen zu stellen, die ihnen in den Sinn kommen.‹

Merlin sagte: ›Und wieder hast Du recht, Artus. Du mußt dafür sorgen, daß die Ritter ausführlich über euer Projekt sprechen. Durch eure Gespräche muß eine genaue Beschreibung von Camelot entstehen, die bis ins kleinste Detail reicht. Ermutige die Ritter zu Diskussionen und hebe die Schwerpunkte und die wichtigsten Vereinbarungen deutlich hervor.‹

Beim nächsten Blick in die Kristallkugel bot sich mir ein wesentlich erfreulicheres Bild. Die Ritter sprachen miteinander und bezogen sich auf jene Punkte, die bei unserer Versammlung vereinbart worden waren. Dennoch entsprach das Bild immer noch nicht ganz meinen Vorstellungen.

Merlin sprach weiter: ›Es ist wichtig, die wesentlichen Aspekte einer Vereinbarung hervorzuheben, Artus. Aber Du mußt noch einen Schritt weiter gehen. Du mußt sicherstellen, daß alle Ritter mehr tun, als Dir *zuzuhören*. Du mußt sicherstellen, daß sie Dich *verstehen*. Das ist ein großer Unterschied.‹«

Jim unterbrach seinen königlichen Freund: »Nachdem Ihr ihnen einen visuellen, einen greifbaren und einen verbalen Anhaltspunkt gegeben habt, werden sie Euch doch wohl verstanden haben. Diese drei Anhaltspunkte gehen weit über alles hinaus, was ich je getan habe, um mich klar und verständlich auszudrücken. Soll das heißen, das ist immer noch nicht genug?«

Artus antwortete: »Nein, Jim, das ist nicht genug. Der letzte Punkt, den ich nun anführen werde, ist von großer Bedeutung, um den Rittern klare Vorstellungen zu vermitteln, die auch klar bleiben, wenn sie wieder in ihre Burgen zurückgekehrt sind.

Ritter mögen es nicht, wenn man ihnen sagt, was sie tun sollen. Sie mögen es nicht, wenn sie sich wie Kinder behandelt fühlen. Sie mögen es nicht, wenn jemand anderer Macht über sie ausübt. Der letzte Schritt zu absoluter Klarheit besteht darin, eine *Partnerschaft der Klarheit* zwischen dem Ritter, der spricht, und dem Ritter, der zuhört, einzugehen. Die Ritter, die durch eine solche Partnerschaft verbunden sind, müssen zusammenarbeiten, um sicherzustellen, daß sie einander *verstehen.*«

Jim fragte: »*Eine Partnerschaft der Klarheit?* Aber wie soll das gehen?«

Artus entgegnete: »Vertrauen war von höchster Bedeutung für den Erfolg der Tafelrunde. Wenn die Ritter in der Ferne weilen, können sie monatelang an einem Mißverständnis festhalten und ihre Arbeit falsch verrichten, bevor ein anderer Ritter oder ich selbst den Irrtum bemerkt und ihn aufklärt. Mißverstandene Vereinbarungen können dem Vertrauen großen Schaden zufügen.

Um das Vertrauen hoch zu halten, vereinbarten die Ritter, Partnerschaften der Klarheit einzugehen. Jeder Ritter trägt die Verantwortung dafür, daß Vertrauen entsteht, indem er eine Partnerschaft der Klarheit schließt. *Wir beschlossen, daß am Ende jeder Vereinbarung ein Ritter von sich aus wiederholen mußte, was er gehört hatte.*«

Jim unterbrach ihn: »Ihr habt also ein System der Kontrolle und Gegenkontrolle eingeführt, das eine klare Kommunikation sicherstellte?«

Artus antwortete: »Genau, Jim. Und es funktionierte! Klarheit ermöglichte uns, Vertrauen zueinander und zu dem Projekt zu fassen. Dieses Vertrauen war entscheidend für unseren Erfolg.

Der wichtigste Zeitpunkt, um Klarheit zu schaffen, war die erste Versammlung der Tafelrunde. Auch nachdem wir uns getrennt hatten, um weit entfernt voneinander unserer Arbeit nachzugehen, konnten wir immer wieder auf die Worte, die Zeich-

nungen, die Beispiele und Diskussionen unseres ersten Treffens zurückgreifen. Bei der ersten Zusammenkunft führte ich die drei Anhaltspunkte ein, um sicherzugehen, daß unsere Vereinbarungen für alle klar und verständlich waren. Einige Ritter übernahmen die Aufgabe, die wichtigen Punkte unserer Vereinbarungen klarzustellen und hervorzuheben,

In den folgenden Jahren bezogen wir uns oft auf diese Anhaltspunkte, wenn wir monatelang voneinander getrennt waren. Sie halfen uns, auf dem richtigen Weg zu bleiben und das Vertrauen zu schaffen, das wir für unseren Erfolg brauchten.«

Jim warf ein: »Auch meine Teammitglieder sind manchmal monatelang voneinander getrennt, Eure Majestät. Wir haben zwar ein paar phantastische Möglichkeiten, um miteinander zu kommunizieren, aber ich glaube, meine Ritter brauchen genauso viel Klarheit über wichtige Teile des Projekts wie Eure. Die Kommunikation mit E-Mail, Voice-Mail, Konferenzschaltung etc. ist einfach nicht so effektiv wie persönliche Gespräche, bei denen alle an einem Tisch sitzen.

Wie habt ihr miteinander kommuniziert, wenn die Ritter sich in ihren eigenen Burg aufhielten?«

Artus antwortete: »Damit der Elan der Ritter nicht nachließ, während sie in ihren Burgen weilten, blieben wir auf verschiedene Art in Kontakt.

Ich schickte Knappen und Gesandte zu den entfernten Burgen und reiste selbst drei Monate pro Jahr durchs Land. Es war sehr wichtig, die Ritter auf ihrem eigenen Grund und Boden zu besuchen. Es gab mir die Möglichkeit, mit jedem Ritter eine persönliche Beziehung aufzubauen.

Und wir verwendeten Vögel.«

Jim fragte: »Vögel?«

Artus antwortete: »Es war wichtig, die Kommunikation aufrecht zu erhalten, während die Ritter weit entfernt von mir waren. Sonst hätten sie mich wohl bald vergessen.«

Jim unterbrach den König: »Ihr meint *aus den Augen, aus dem Sinn?*« Er hatte schon oft gehört, daß die Mitglieder seines weltweiten Teams dieses Sprichwort verwendeten.

Artus antwortete: »Ja, Jim. Wenn die Ritter aus meinen Augen waren, blieb ich in ihrem Sinn, weil wir einen genauen Kommunikationsplan festlegten. Wir beschlossen gemeinsam, worüber wir einander informieren würden und wie. Manche Informationen waren sehr wichtig und erforderten eine rasche Reaktion. Andere Informationen waren weniger dringend. Dennoch mußten wir die Kommunikation zwischen unseren Burgen aufrecht erhalten, damit Camelot in ihrem Bewußtsein blieb.

Wir hatten drei Arten von Vögeln, mit denen wir Nachrichten hin und her sendeten. Weiße Tauben bedeuteten, daß die Nachricht dringend war und der Empfänger sofort antworten mußte. Grau-weiß-gesprenkelte Tauben bedeuteten, daß es sich um eine Routinenachricht handelte und der Empfänger bis zur gleichen Uhrzeit des nächsten Tages antworten sollte. Graue Tauben bedeuteten, daß die Nachricht nur der Information diente und nicht beantwortet werden mußte.«

Jim dachte an sein Voice-Mail- und E-Mail-System. Bei beiden gab es die Möglichkeit, dringende Nachrichten zu kennzeichnen, aber niemand machte davon Gebrauch. Jim gefiel nicht nur das Nachrichtensystem seines königlichen Beraters, sondern auch die Vereinbarungen über die Antwortfristen. In seinem Team beschwerten sich fast alle, daß es so lange dauerte, bis der jeweilige Empfänger auf Nachrichten via E-Mail oder Voice-Mail reagierte.

Jim sagte: »Bisher habe ich mit keinem meiner Teams darüber gesprochen, wie wir am besten kommunizieren sollten oder wann. Ihr scheint einen sehr genauen Plan ausgearbeitet zu haben, mit dessen Hilfe ihr die Entfernungen überbrücken konntet.«

Artus antwortete: »Das stimmt, Jim. Wir wußten, daß wir einander monatelang nicht sehen würden. Dennoch mußten alle über die wichtigsten Informationen Bescheid wissen. Wenn ein Ritter übergangen worden wäre, hätte er sich natürlich darüber geärgert. Also legten wir uns einen Plan zurecht, wie wir auch über die Entfernungen hinweg in Kontakt bleiben konnten.

Jeden Montag, zum Beispiel, schickte ich Vögel mit wichtigen Nachrichten los. Es war ein großartiger Anblick, wenn sich sechzig Tauben gleichzeitig in die Lüfte erhoben, um den Rittern die Botschaften zu übermitteln. So konnte ich auch jene Ritter erreichen, die weit entfernt von mir weilten. Das war aber nur eine von vielen Möglichkeiten in Kontakt zu bleiben und das Fortschreiten unseres Projektes zu sichern.

Es gibt noch etwas, das auch für Dich wichtig ist, Jim. Am Anfang waren die Nachrichten, die die Ritter mit den Tauben sendeten, zu lang. Tauben sind nicht stark genug, um seitenlange Ausführungen über große Entfernungen zu transportieren. Wenn die Nachrichten zu lang waren, konnten sie nicht mehr über den Bäumen fliegen. Auf diese Art verloren wir viele Vögel.

Wir mußten also eine Form der Kommunikation finden, die kurz und prägnant war und dem Empfänger signalisierte, ob und bis wann er seine Antwort geben mußte.«

Jim fiel ein, wie frustriert er heute morgen gewesen war, als er ein fünfseitiges E-Mail gelesen hatte, dessen Sinn und Zweck ihm vollkommen schleierhaft war. Er hatte keine Ahnung, warum ihm einer seiner Mitarbeiter diese lange Nachricht geschickt hatte und welche Reaktion dieser von ihm erwartete.

Artus' Worte machten Jim klar, daß er ein kurzes und präzises Nachrichtenformat für E-Mail und Voice-Mail einführen mußte. *Er nahm sich vor, mit seinem Team ein Format und die Frist bis zur Antwort des Empfängers festzulegen* und diese in ihren Kommunikationsablauf zu integrieren.

Artus fügte hinzu: »*Die Ritter mußten auch lernen, ob sie eine Nachricht mit einer Taube oder mit einem Gesandten schicken oder auf einen persönlichen Besuch warten sollten. Die meisten Routineinformationen wurden mit Tauben übermittelt.*

Es gab jedoch eine Art von Nachricht, die wir niemals von Tauben überbringen ließen – schlechte Nachrichten. Schlechte Nachrichten, die mit Tauben geschickt worden waren, hatten unter den Rittern zu großen Spannungen geführt. Also beschlossen wir, sie niemals mit Tauben oder Gesandten zu übermitteln. Wenn etwas Negatives vorgefallen war, wurde es immer von Angesicht zu Angesicht geklärt, so daß die Ritter die Sache persönlich diskutieren konnten.«

Jim erinnerte sich an ein bitterböses E-Mail, das er vor zwei Tagen erhalten hatte. Der Absender war offensichtlich über bestimmte Fakten nicht im Bilde und war zu einer ganzen Reihe negativer Schlußfolgerungen gelangt. Damit nicht genug, hatte er Jims Chef eine Kopie dieses E-Mails geschickt. Jim war so wütend gewesen, daß er früher nach Hause ging, um sich zu beruhigen. Wieviel besser wäre es doch gewesen, wenn sie von Angesicht zu Angesicht, per Videokonferenz oder behutsam per Telefon über die Sache gesprochen hätten.

Jim sagte: »Das klingt wie ein System, das auch für meine Ritter von großem Nutzen sein könnte, Eure Majestät. Ich möchte eine Partnerschaft der Klarheit mit Euch eingehen und alles wiederholen, was Ihr mir heute gesagt habt. Es gibt vier Schritte, um jene Klarheit zu erreichen, die notwendig ist, wenn Menschen über Entfernungen hinweg zusammenarbeiten. Als erstes müssen die Leute etwas Konkretes zu sehen bekommen. Als zweites müssen sie darüber sprechen. Als drittes müssen sie selbst Hand anlegen. Und zuletzt muß ein Partner das Ganze noch einmal wiederholen.«

Artus rief: »Genau das ist es, Jim! Du hast das Rezept, um jene Klarheit zu schaffen, die Deine Ritter brauchen, wenn sie über räumliche Distanzen hinweg effektiv zusammenarbeiten sollen.«

Jim sagte: »Ich werde meinem Team vorschlagen, Merlins Strategie anzuwenden, um jede Vereinbarung ganz klar festzulegen, Eure Majestät. Ich glaube, sie wird uns helfen, bei unseren Vereinbarungen Mißverständnisse zu vermeiden.«

»Ich freue mich, daß meine Erfahrungen von Nutzen für Dich sind, Jim. Wenn Du sie befolgst, werden sie Dir helfen, an Deiner virtuellen Tafelrunde Vertrauen zu schaffen.«

Als die beiden ihr Gespräch beendet hatten, dachte Jim daran, wie oft das Vertrauen in seinem Team durch mangelnde oder fehlerhafte Kommunikation gebrochen worden war. Die Teammitglieder versuchten, ihre Arbeit richtig zu machen. Schlechte Kommunikation führte dazu, daß sie zu den falschen Ergebnissen gelangten. Plötzlich genierte sich Jim für die vielen Male, als er seine Mitarbeiter des Vertrauensbruchs oder des mangelnden Engagements beschuldigt hatte, obwohl das Problem bei ihm selbst lag. Er mußte sich einfach klarer ausdrücken.

Dann fiel Jim ein, was seine Mutter immer zu ihm sagte: »Wenn Du mit dem Finger auf jemanden zeigst, vergiß' nicht, daß drei Finger auf Dich selbst zeigen.« Er nahm sich vor, sie noch heute anzurufen, um ihr für diesen wichtigen Rat zu danken.

Der Untergang

Als Jim und Artus am Samstag morgen wieder Verbindung aufnahmen, war Jim besorgt über die Veränderung, die mit seinem königlichen Freund vor sich gegangen war. Artus, der bisher aufgeschlossen und heiter gewesen war, wirkte nun bedrückt und sehr ernst. Während der Nacht mußte etwas Gravierendes vorgefallen sein. Jim fürchtete, daß der entscheidende Kampf um Camelot kurz bevorstand. In den letzten Tagen hatte Jim bei den Rittern auf dem Feld wachsende Unruhe bemerkt. Artus hatte weniger Zeit für ihre Gespräche, weil er ständig von Rittern unterbrochen wurde, die ihm die neuesten Nachrichten überbrachten.

Nachdem Jim und Artus ihre Verbindung hergestellt hatten, standen beide eine Zeitlang schweigend da. Ohne ein Wort zu wechseln, spürten beide, wie eine Traurigkeit sie befiel, die schwer auf ihnen lastete.

Artus saß auf einem Feld. Er hatte die Ellbogen auf die Knie gestützt. Seine Augen waren auf den Boden gerichtet, auf den schon bald sein Blut fließen und sein toter Körper fallen würde.

Schließlich sagte Artus: »Ich fürchte, die Schlacht um Camelot ist nicht mehr fern, Jim. Meine Ritter haben gesagt, daß der Kampf gegen die Ritter, die Camelot besetzt halten, in weniger als zwei Tagen beginnen wird. Vielleicht trennen mich nur noch wenige Stunden vom Tod. Ich finde nicht die Worte, um Dir zu sagen, wie ich mich fühle. Mein Dasein auf dieser Erde wird nicht mehr lange währen. Es gibt noch so viel zu tun, Jim, doch es bleibt mir nicht mehr viel Zeit.«

Jim konnte die Tränen in Artus' Augen sehen. Er wußte nicht, was er seinem Mentor sagen sollte. Auch ihm wurde angst und bang, wenn er daran dachte, daß er seinen Freund und Berater schon bald verlieren könnte.

Tausende Gedanken gingen ihm gleichzeitig durch den Kopf, und er wünschte, er könnte durch den Spiegel treten, um Artus zu helfen. Er wünschte, er könnte die Technologie aus dem Jahr 2000 in Artus' Zeit transferieren, um dessen Königreich zu retten. Doch das war leider unmöglich. Die beiden Männer waren in ihrer Zeit gefangen und konnten einander nicht einmal die Hand reichen.

Jim lief ein Schauer über den Rücken, als ihn das Gefühl eines drohenden Unheils überkam. Verzweifelt fragte er: »Was kann ich für Euch tun, mein Freund? Während der letzten Wochen seid Ihr ein so wichtiger Teil meines Lebens geworden, daß ich gar nicht mehr weiß, wie ich ohne Euch auskommen soll.

Wie kann ich Euch für Eure Hilfe danken? Ihr habt mir wertvolle Erkenntnisse ermöglicht, und ich verspreche Euch, daß ich sie einsetzen werde. Ihr habt mir Geschichten aus Eurem Leben erzählt, an die ich mich jeden Tag erinnern werde. Die Freundschaft, die wir quer durch die Zeit aufgebaut haben, wird mich immer begleiten. Ich möchte Euch helfen, Sire, aber ich weiß nicht wie.«

Auch Artus war tief bewegt: »Alles, was Du über mich gesagt hast, Jim, gilt auch für Dich. Der Blick auf das Jahr 2000, den Du mir ermöglicht hast, ist einfach *überwältigend*. Es macht mich so froh, wenn ich sehe, wie frei und kreativ die Menschen in Deiner Welt sind. Es hat mir Freude gemacht, Dein Mentor zu sein und Dich zu lehren, genauso wie es Merlin mich gelehrt hat, wie Du Deine Ritter über die Entfernung hinweg führen kannst.

Wenn man bedenkt, daß ich im ersten Jahrtausend lebe und Du an der Schwelle zum dritten stehst, ist es erstaunlich, wie viel wir als Anführer gemeinsam haben. Das muß wohl daran liegen, daß das wichtigste Kriterium für einen guten Anführer sein Umgang mit den Menschen ist, egal in welchem Jahrtausend er lebt. Es war sehr aufregend, Dir dabei zu helfen, Deine virtuelle Tafelrunde zu gründen, Jim. Die Gespräche mit Dir haben in dieser düsteren Zeit große Freude in mein Leben gebracht.«

Artus schwieg einen Moment, um seine Fassung wieder zu erlangen und sich zu beruhigen. Jim hörte seinem Mentor aufmerksam zu.

Schließlich sprach Artus weiter: »Wie eine Streitaxt, die gegen meine Brust geschleudert wird, fühle ich die Sorge um mein Vermächtnis, Jim. Es ist von solcher Bedeutung für mich, der Welt etwas zu hinterlassen. Ich *darf* von der Geschichte einfach nicht vergessen werden. Ich bin ein *König*! Ich lebe *wirklich*. Ich leite die Erschaffung von Camelot – einem Ort, den die *Welt* kennen und schätzen sollte!

Ich muß ein *positives* Erbe hinterlassen, das in Deinen Geschichtsbüchern lebendig bleibt. Ich muß etwas tun, das Deine Welt besser macht. Ich möchte Deiner Zeit etwas Reales und Wunderbares vermachen.

Im Moment weiß ich nur, daß ich eine große Leere hinterlassen werde. Die Leere, von der Du bei unserer ersten Begegnung gesprochen hast – in der Geschichte keinen Platz gefunden zu haben.«

Diese Worten zerrissen Jim das Herz. Er verstand den Wunsch seines noblen Freundes, ein Erbe zu hinterlassen, das auch über die Jahrhunderte hinweg nicht in Vergessenheit geraten würde.

Mit großer Bestimmtheit entgegnete Jim: »Ihr habt *keine* Leere hinterlassen, Eure Majestät. Nur wenige Führungspersönlichkeiten haben sich in der Geschichte so ausgezeichnet wie Ihr durch die Legende, die Euch bis heute überlebt hat.«

Jim hatte sich eine Überraschung für Artus einfallen lassen, die er schon seit Wochen vorbereitet hatte. Schon bei ihrem ersten Gespräch war ihm klar geworden, daß Artus sich einen Platz in der Geschichte sichern wollte. Obwohl der König von seinen eigenen Sorgen fast erdrückt wurde, hatte er in den letzten Wochen viele Stunden damit verbracht, Jim zu helfen, ohne selbst um etwas zu bitten.

Jim beschloß, daß der Zeitpunkt gekommen war, um Artus seine Überraschung zu präsentieren. Der König brauchte einen virtuellen Freund in der Zukunft, der ihm zeigen konnte, daß er auch im Jahr 2000 nicht in Vergessenheit geraten war.

Artus war erstaunt, als er ein Lächeln auf Jims Gesicht bemerkte. Jim sagte: »Ich habe eine Überraschung für Euch, Eure Majestät. Ich möchte Euch Euer Erbe zeigen, das auch mich noch lange überleben wird.«

Jim schnappte den kleinen Handspiegel, sprang ins Auto und fuhr zur nächsten Bücherei. Er konnte es kaum noch erwarten, Artus seine Überraschung zu zeigen.

Artus hatte in seinem ganzen Leben nicht mehr als ein Dutzend Bücher gesehen. Und nun hatte Jim ihn an einen wunderbaren Ort gebracht, den er Bücherei nannte. Artus war überwältigt von den Tausenden Büchern, die dicht gedrängt in den Regalen standen.

Jim marschierte schnurstracks zur Kinderabteilung, denn durch einen glücklichen Zufall hieß das Thema der Woche ... König

Artus und die Tafelrunde. Ungefähr zwanzig Kinder saßen rund um einen erwachsenen Vorleser, der als Ritter verkleidet war. Die Kinder, die zwischen vier und zehn Jahre alt waren, lauschten mit großen Augen der Sage von den Rittern der Tafelrunde.

Jim dreht den Spiegel so, daß Artus die Gesichter der Kinder sehen konnte. Die Jungen und Mädchen waren völlig fasziniert von der Geschichte. Jedes der Kinder durchlebte die Abenteuer von König Artus, Ginevra und Lancelot mit einer Intensität, die wohl nur Kinder empfinden können.

Als die Geschichte zu Ende war, stellten sie Unmengen von Fragen. Sie wollten unbedingt mehr über König Artus wissen. Der Vorleser ging mit ihnen zu dem Regal, in dem alle Bücher über die Tafelrunde standen. Die Geschichten über Camelot füllten ein ganzes Regal! Binnen kürzester Zeit hatte jedes Kind mindestens ein Buch über König Artus und die Ritter der Tafelrund in der Hand, das es mit nach Hause nehmen wollte, um es dort in Ruhe zu lesen. Und zu genießen! Und daraus zu lernen!

Jim ging in den hinteren Teil des Raumes, wo Computer aufgestellt waren. Er gab die Worte »König Artus« ein, und plötzlich sah Artus eine ellenlange Liste von Büchern und Artikeln, die über ihn geschrieben worden waren. Jim markierte einige der Artikel, die in voller Länge auf dem Bildschirm erschienen. Artus war hingerissen von der unglaublichen Menge an Texten, die mit ein paar Tasten in Sekundenschnelle abgerufen werden konnten.

Dann ging Jim zur Romanabteilung hinüber. Er zeigte Artus die vielen Bücher, die es über ihn und seine Zeit gab. Artus konnte kaum fassen, daß so viel über ihn geschrieben worden war. Nun wurde ihm klar, daß zwar nichts Greifbares *aus* seiner Zeit überlebt hatte, daß es aber jede Menge Greifbares *über* seine Zeit gab, und er empfand große Erleichterung.

Bevor sie die Bücherei verließen, borgte sich Jim ein paar der Bücher über Artus aus, die er ihm zu Hause vorlesen wollte.

Als sie wieder im Auto saßen, sah Jim im Rückspiegel, daß der melancholische Ausdruck von Artus' Gesicht gewichen war und einem Lächeln Platz gemacht hatte, das von einem Ohr zum anderen reichte. Artus stellte viele Fragen über Bücher, Büchereien und Computer, und es war offensichtlich, daß die Sorge um sein Vermächtnis um ein ganzes Stück geschrumpft war.

Doch Jim hatte noch einen Trumpf im Ärmel.

»Ich habe noch eine Überraschung für Euch, Sire. Im Fernsehen gibt es heute einen Camelot-a-thon!« sagte er.

Artus fragte verblüfft: »Einen Camelot-a-thon? Was ist das denn?«

Jim gab sich redliche Mühe, eine verständliche Erklärung zu finden: »Im Fernsehen werden jede Woche zwölf Stunden lang zu einem bestimmten Thema Filme gesendet. Und heute ist das Thema – dreimal dürft Ihr raten – König Artus und die Tafelrunde! Um dreizehn Uhr werden wir uns *Excalibur* ansehen und danach das Filmmusical *Camelot*. Wenn Ihr noch mehr Filme sehen wollt, können wir in den Videoladen fahren und ein paar Videos ausborgen. Aber *Excalibur* und *Camelot* sind meine beiden Lieblingsfilme über Euch, Eure Majestät.«

Als sie nach Hause kamen, versuchte Jim seinem königlichen Freund das Konzept eines Couch Potato schmackhaft zu machen. Er wußte, daß vier Stunden Fernsehen für einen Mann der Tat wie Artus eine ziemliche Strapaze bedeuten mußten.

Artus überraschte Jim mit der Frage: »Was ist eine Kartoffel?«

Jim hatte nicht daran gedacht, daß es zu Artus' Zeit in England noch keine Kartoffeln gegeben hatte. Also ging er zum Kühlschrank, um Artus eine echte Kartoffel zeigen zu können. Doch seit er geschieden war, kümmerte er sich nicht mehr besonders um den Inhalt seines Kühlschranks, und alles, was er finden konnte, war eine monatealte Kartoffel, die schon austrieb.

Jim nahm sie trotzdem und zeigte sie Artus, der über ihr komisches Aussehen lachte.

Als nächstes machte Jim seinen Freund mit Popcorn bekannt. Er stellte eine Packung in den Mikrowellenherd und zeigte Artus die knusprigen, weißen Gebilde, die innerhalb weniger Minuten entstanden waren. »Popcorn und Filme gehören einfach zusammen, Eure Majestät. Im Jahr 2000 ist es üblich, beim Fernsehen oder im Kino eine Kleinigkeit zu essen.«

Jim schlug Artus vor, sich auch etwas zu essen zu besorgen, weil die Filme eine Weile dauern würden. Artus befolgte seinen Rat.

Der König *liebte* den Film *Excalibur.* Er erklärte Jim, daß der geschichtliche Hintergrund und die Ausstattung recht gut getroffen waren. Nur der Schauspieler, der ihn selbst verkörperte, war seiner Meinung nach nicht das Wahre.

»Mit 20 habe ich bestimmt besser ausgesehen als dieser junge Mann«, sagte er. Jim hatte gehört, daß jeder, der von einem Hollywood-Schauspieler dargestellt wurde, dieser Meinung war. Soviel er wußte, war nur einer zufrieden gewesen, und der war von Tom Cruise verkörpert worden.

Artus saß während des ganzen Films angespannt auf seinem Stuhl. Er war fasziniert von der Lebendigkeit der Handlung und der Authentizität der Ausstattung, die die Stimmung im Jahr 597 verblüffend genau trafen. »In diesem Film kann man wirklich sehen, wie schwer das Dasein eines Ritters war.«

Jim erklärte Artus, was eine Filmkritik ist und schlug ihm vor, *Excalibur* zu bewerten. Der König war so begeistert von dem Film, daß er ihm vier Sterne gab, die höchste Wertung überhaupt.

Jim sagte: »Ihr wollt ein Vermächtnis hinterlassen, Sire. Ich werde Eure Qualitäten rasch zusammenfassen: Ihr seid der Begründer von Camelot, Anführer der Tafelrunde und ein exzellenter Filmkritiker.«

Artus lachte. Jim hatte ihm geholfen, den Sorgen seiner Welt zu entfliehen – auch wenn es nur für ein paar Stunden war. Artus brannte darauf, in der kurzen Zeit, die ihm noch blieb, so viel wie möglich über sein Vermächtnis zu erfahren.

Dann begann der nächste Film – *Camelot* – mit Richard Harris und Vanessa Redgrave. Artus war begeistert von dem Film und der Musik. Als Jim einen Blick in den Spiegel warf, sah er, daß Artus lächelte und gebannt auf den Bildschirm sah.

In der letzten Szene des Films traf der Film-Artus auf dem Feld vor der Burg von Camelot einen kleinen Jungen. Im Spiegel sah Jim, wie der echte Artus über das ganze Gesicht lächelte und gleichzeitig Tränen in den Augen hatte. Artus rief: »Das ist wirklich geschehen, Jim! Ich bin diesem Jungen gestern begegnet!«

Während des Nachspanns von *Camelot* sagte Artus: »Wie wunderbar der Film die Quintessenz von Camelot erfaßt! Erinnerst Du Dich, wie ich Dir sagte, daß Camelot nicht nur ein Gebäude aus Steinen ist? Es war eine Art zu leben, die sich über das ganze Land erstreckte. Dieser Film hat gezeigt, wie es war. Camelot *lebt* auch in Deiner Zeit. Es lebt durch die Bücher, die Filme und die Legende.«

Artus fühlte sich viel besser als noch ein paar Stunden zuvor. Aber die Sorge um seinen Platz in der Geschichte war noch nicht ganz verschwunden. Also fragte er seinen Freund aus der Zukunft: »Wie viele andere große Herrscher von England sind im Jahr 2000 so bekannt wie ich?«

Jim interessierte sich sehr für Geschichte, und so fiel es ihm nicht schwer, Artus' Frage zu beantworten: »Es gibt einige Könige und Königinnen von England, über die man in meiner Zeit viel weiß, Sire. Der bekannteste ist vermutlich Heinrich VIII. Er kommt in jedem Geschichtsbuch vor.

Heinrich VIII ist vor allem deshalb so bekannt, weil er acht Frauen hatte, von denen einige seinetwegen den Kopf verloren, und zwar im buchstäblichen Sinn.«

Artus fragte: »Was könnte man in einer Bücherei oder in einem Videoladen über ihn finden?«

Jim war froh, daß Artus diese Frage gestellt hatte und antwortete: »Auch über sein Leben wurden Bücher geschrieben und Filme gedreht, Eure Majestät. Aber Heinrich VIII wird nicht als weiser und um das Wohl seines Landes besorgter Herrscher dargestellt wie Ihr. Er hat mehr Ähnlichkeit mit Euren Vorgängern. Anscheinend hat er nichts aus Eurer Art, das Land zu regieren, und Eurem Engagement für das Wohlergehen der Menschen gelernt.«

Da Artus ihm weitere Fragen stellte, erzählte Jim noch über andere Herrscher von England und erwähnte auch jene, deren Grabstätten er ein paar Wochen zuvor in der Westminster Abbey gesehen hatte. Er sprach sogar kurz über Prinz Charles und Prinzessin Diana und über die Diskussionen, wer als nächster den Thron besteigen sollte – Charles oder sein älterer Sohn William.

Plötzlich wurde Artus von einem Ritter unterbrochen. Nachdem der Ritter gegangen war, wandte sich der König mit ernstem Gesicht zu Jim zurück.

Die Traurigkeit in seiner Stimme war nicht zu überhören, und die Worte kamen ihm nur schwer über die Lippen: »Die Schlacht wird bei Sonnenaufgang beginnen.« Artus wußte nun, daß ihm noch weniger Zeit blieb, als er erwartet hatte. In seinem Kopf schwirrten Hunderte Gedanken durcheinander, während er versuchte, sich endgültig zu entscheiden, wie er seinen rechtmäßigen Platz in der Geschichte als bedeutender Herrscher von England sichern sollte. Es blieben nur noch wenige Stunden bis zum Beginn der Schlacht und damit wahrscheinlich auch bis zu seinem Tod.

Plötzlich sagte Artus: »Jim, ich habe viele Wochen über mein Vermächtnis nachgedacht. Nach diesem Tag mit Dir habe ich endlich die Lösung für mein Dilemma gefunden. Ich weiß nun, was ich tun muß, um mein Vermächtnis zu sichern.

Als wir uns zum ersten Mal begegneten, haben wir vereinbart, einander zu helfen. Heute hast Du mir einen unschätzbaren Dienst erwiesen, Jim. Aber ich muß Dich um noch einen Gefallen bitten.«

Jim wollte nichts lieber, als seinem Freund zu helfen. »*Ja*, Eure Majestät. Sagt mir einfach, was Ihr wollt, und ich werde es tun.«

Obwohl Artus wußte, daß er nicht mehr lange zu leben hatte, strahlte sein Gesicht soviel Ruhe und Frieden aus, wie es Jim bei seinem Freund noch nie gesehen hatte.

Artus sagte: »Die Legende, die mich überlebt hat, ist wunderbar, Jim. Ich kann Dir nicht sagen, wie schön es für mich war, Zutritt zu Deiner Welt zu erhalten und das Vermächtnis von Camelot zu sehen.

Als wir einander das erste Mal begegneten, glaubte ich, wenn nichts als eine Legende die Zeiten überdauerte, wäre es so, als hätte ich nie existiert. Du hast mir geholfen zu sehen, wie tief und weit mein Vermächtnis reicht, und nun weiß ich, daß ich als glücklicher und zufriedener Mann sterben werde.

Doch ein Teil von mir möchte etwas Greifbares hinterlassen, das meine Existenz *beweist* und das Datum von Camelots Untergang festlegt.« Bei diesen Worten zog Artus zwei Papierrollen aus seiner Satteltasche. Er entrollte sie eine nach der anderen und sagte: »Ich habe hier zwei Landkarten, Jim. Sie werden Dir helfen, den Ort der Burg zu finden, in der ich aufwuchs.«

Artus hielt die erste Landkarte hoch, so daß Jim sie sehen konnte. Es war eine Karte von ganz England. »Du mußt eine Kopie anfertigen. Ich weiß nicht, ob diese Burg in Deiner Zeit noch existieren wird. Doch diese Karte wird Dir helfen, den Ort zu finden, wo die Burg heute steht.«

Jim zeichnete die Karte mit großer Sorgfalt ab und kennzeichnete den Ort, wo Artus aufgewachsen war, mit einem Pfeil. Als Jim fertig war, zeigte Artus ihm die zweite Landkarte. Es war eine sehr genaue Abbildung jenes Küstenabschnitts, in dem die Burg stand, und für Jim sah es wie ein vergrößerter Ausschnitt aus der ersten Karte aus.

Artus sagte: »Diese zweite Karte zeigt die Klippen in der Nähe der Burg, in der ich geboren wurde. Diese Burg stand hoch auf einem Felsen und bot einen phantastischen Ausblick auf den Ozean. Ein Felsen in der Nähe der Burg hatte eine sehr charakteristische Form. Es ist *sehr wichtig*, daß Du die besondere Form dieses Felsen *genau* abzeichnest, genau wie Du es auf dieser Karte siehst. Ich möchte, daß Du an diesen Ort kommst, denn ich werde hier etwas für Dich hinterlassen. Ich möchte Dir nicht sagen, was es ist. Ich werde Dir nur sagen, wohin Du gehen mußt, um es zu finden. Du mußt dieses Feld finden und genau zu jener Stelle gehen, die ich mit einem Kreuz gekennzeichnet habe.«

Jim gab sich große Mühe, jede Linie auf der Karte exakt abzuzeichnen. Sie überprüften die Genauigkeit seiner Kopie, und Jim korrigierte einige Details nach Artus' Anweisungen, bis der König sicher war, daß Jim sich mit seiner Karte auch eineinhalb Jahrtausende später noch zurechtfinden würde.

Als sie fertig waren, zeigte Artus auf eine Stelle auf der Karte und sagte: »Als Kind habe ich oft in einer Höhle in der Nähe der Klippe gespielt. Damals wußte niemand von dieser Höhle, außer Merlin und ich. Die Klippe ist so steil, daß man ohne Hilfe nicht zu der Höhle gelangt. Du wirst Dich an einem Seil hinunterlassen müssen.«

Jim konnte es kaum noch erwarten, die Höhle zu finden. Er markierte jede Einzelheit auf seiner Karte, damit sie möglichst genau war. Er tat alles, um sich klar auszudrücken und Artus'

Anweisungen zu verstehen. Er benutzte alle Techniken, die Artus ihn gelehrt hatte, auch die Partnerschaft der Klarheit. Jim wußte, daß er keine Gelegenheit mehr haben würde, Artus um weitere Informationen zu bitten.

Jim fragte: »Wie weit soll ich hinunterklettern?«

Artus antwortete: »Ungefähr die Höhe von drei Männern, die aufeinander stehen. In meiner Zeit befestigte ich ein Seil an den Bäumen, die in der Nähe der Klippe wuchsen. Ich werde in der Höhle etwas für Dich hinterlassen, das meine Existenz *beweisen* wird.«

Jim wäre am liebsten auf der Stelle aufgebrochen. Aufgeregt sagte er: »Ich verspreche Euch, daß ich mich schon morgen auf den Weg machen werde, Eure Majestät. Ich werde mir Urlaub nehmen, ein Flugticket kaufen und in wenigen Stunden in England sein.«

Artus' Gesicht wurde sehr ernst, und er sagte: »*Nein!* Geh' noch nicht, Jim. Ich möchte, daß Du wartest, bis Du alles, was ich Dir in unseren Gesprächen gesagt habe, in Deiner virtuellen Tafelrunde verwirklicht hast.

Du mußt mir versprechen, daß Du erst zur Höhle gehst, wenn Du ein legendäres Team geschaffen hast, das die ganze Welt umspannt. Erst wenn Du das Vertrauen aller Deiner Mitarbeiter aufgebaut hast und auf der ganzen Welt Spitzenergebnisse erzielst, solltest Du die Reise machen. Versprichst Du das, Jim?«

Jim wußte, daß er alles tun würde, worum ihn der König bat. Also versicherte er ihm: »Ich verspreche es, Eure Majestät. Ich werde das Vertrauen aufbauen, dessen große Bedeutung ich mit Eurer Hilfe erkannt habe. Erst dann werde ich zur Höhle gehen, um das zu holen, was Ihr für mich hinterlassen habt.«

Artus lehnte sich zurück und seufzte vor Erleichterung. Er vertraute fest darauf, daß Jim ihre Vereinbarung einhalten und zu seinem Wort stehen würde. Doch er wußte auch, daß es langsam an der Zeit war, sich von Jim zu verabschieden.

Der König sagte: »Du hast mich auf eine unglaubliche Reise mitgenommen, Jim. Nun muß ich mich um Deine Reise kümmern. Ich muß zu der Höhle gehen, um dort mein Geschenk für Dich und die Welt zu hinterlassen.

Ich weiß, daß Du erfolgreich sein wirst, Jim. Ich bin sicher, daß Du alles daran setzen wirst, um das notwendige Vertrauen in Deinem Team zu schaffen. Auch wenn ich mich jetzt von Dir verabschieden muß, ist mein Herz voller Freude, daß wir diese wunderbare Gelegenheit hatten, uns quer durch die Zeit zu begegnen.«

Jim antwortete: »Auch ich danke Euch für eine unglaubliche Reise. Durch Eure Hilfe habe ich erkannt, wie ich meine Mitarbeiter dazu bringen kann, auch über die Entfernungen hinweg als Partner zusammenzuarbeiten. Ich werde jede Erkenntnis, die Ihr mir ermöglicht habt, quer durch die Jahrtausende nützen.«

Mit einem Knoten im Hals und Tränen in den Augen sagte Artus leise: »Leb wohl, mein Freund. Gott sei mit Dir!«

Jim war so bewegt, daß er kaum mehr als ein Flüstern herausbrachte: »Lebt wohl, Eure Majestät. Gott sei auch mit Euch!«

Traurig sah er zu, wie Artus auf sein Pferd stieg und davonritt.

Das Geschenk

Am Ende des Monats versammelte Jim sein weltweites Projektteam zu einer viertägigen Konferenz. Es war die beste Investition, die sein Unternehmen je gemacht hatte. Bei diesem Treffen *der virtuellen Tafelrunde* entstand eine Vertrauensbasis, die trotz der großen Entfernungen echte Teamarbeit ermöglichte.

Während der nächsten Monate wandte Jim alle Strategien an, die Artus ihn gelehrt hatte. Er war überrascht, daß die Teammitglieder die Veränderungen bemerkten. Sie gaben nicht nur ihre Zustimmung zu den neuen Strategien, sondern begannen auch, sie selbst einzusetzen. Durch die Verwendung der Symbole von Camelot, Excalibur, der Tafelrunde, des großen Turniers, Lancelot und Merlin hob Jim Bereiche hervor, die für den Erfolg des Teams von besonderer Bedeutung waren.

Innerhalb von neun Monaten erlebte das Team einen kompletten Wandel. Die Teammitglieder bauten Kommunikationsbrücken auf, die die geographische und menschliche Distanz überbrückten, die sie zuvor getrennt hatten. Jetzt waren sie wirklich ein weltweites Team.

Am Ende des ersten Jahres übertraf das Team sein Produktionsziel um dreißig Prozent. Die Zufriedenheit der Kunden mit den Serviceleistungen war so groß wie nie zuvor. Das Team erhielt den heiß begehrten »Quality Award« und wurde vom Leiter des Unternehmens persönlich geehrt. Im *Fortune Magazine* wurde es als Vorbild für andere virtuelle Teams angeführt. Und der renommierte Wirtschaftsautor Tom Peters schrieb in seinem neuen Bestseller ausführlich über dieses bemerkenswerte Team.

Jim hatte das Gefühl, daß er nun jenen Erfolg erreicht hatte, von dem Artus gesprochen hatte. Artus hatte Jim gezeigt, wie er sein Team über die Entfernungen hinweg führen konnte – ein kostbares Geschenk. Nun war Jim an der Reihe, Artus' Bitte zu erfüllen.

Er studierte die Landkarten, um die Höhle zu finden, in der Artus als Kind gespielt hatte. Mit Kopien seiner handgezeichneten Karten ging er in die Bücherei. Es war ein mühseliges und langwieriges Unterfangen, aber schließlich fand er die entsprechende Stelle in einem modernen Atlas. An dem Ort, den Artus mit einem Kreuz gekennzeichnet hatte, stand heute ein kleines Dorf. Jim konnte es kaum noch erwarten, die Höhle aufzusuchen.

Er kauft ein Ticket und flog schon am nächsten Tag nach London.

Nachdem er in Heathrow gelandet war, fuhr er zur Victoria Station, dem größten Bahnhof von London. Dort kaufte er eine Bahnkarte erster Klasse und machte sich auf die mehrstündige Reise in das kleine Dorf, wo er sich in einer gemütlichen Pension einmietete. Sofort nach seiner Ankunft ging er los, um die Klippe zu finden, die Artus auf der Karte eingezeichnet hatte.

Den Rest des Tages verbrachte er damit, nach der Klippe zu suchen. Als die Dunkelheit hereinbrach, mußte er die Suche abbrechen. Nach so vielen Monaten der Vorfreude fühlte Jim plötzlich große Enttäuschung. Widerwillig kehrte er in die Pension zurück. Er war so schlechter Laune, daß er beim Abendessen kaum einen Bissen anrührte und sich in der Nacht unruhig hin und her wälzte.

Beim Frühstück deutete Jim der Kellnerin, daß sie zu seinem Tisch kommen solle. Als sie mit der Kaffeekanne in der Hand vor ihm stand, sah er auf ihrem Namensschild, daß sie Morgana hieß. Er fragte sie, ob sie die Stelle auf der Landkarte kenne, die Artus markiert hatte. Doch Morgana verneinte.

Enttäuscht fragte Jim die Rezeptionistin, ob sie vielleicht wisse, wo die markierte Stelle sei. Und siehe da, sie wußte es. Sie schlug Jim vor, sich ein Fahrrad auszuborgen und sich auf einer Schotterstraße Richtung Norden zu halten. Sie schätzte, daß die Klippe ungefähr acht Kilometer entfernt war. Jim ging auf sein Zimmer, holte seinen Rucksack, Wasserflaschen und ein Seil und machte sich auf den Weg.

Er borgte sich ein Fahrrad aus und fuhr die Straße entlang, die die Rezeptionistin ihm gezeigt hatte. Nach ungefähr zwanzig Minuten glaubte er, die Stelle gefunden zu haben. Er sah die besondere Biegung der Küste, auf die Artus ihn aufmerksam gemacht hatte. Jim wußte zwar, daß er keine acht Kilometer zurückgelegt hatte, aber er war so sicher, die Stelle gefunden zu haben, daß er beschloß, sich genauer umzusehen, bevor er weiter Richtung Norden fuhr.

Jim trat in die Pedale wie ein Wilder, um das Feld so schnell wie möglich zu durchqueren. Da der Boden zu weich war, mußte er vom Fahrrad absteigen und es schieben. Adrenalin in rauhen Mengen schoß durch seinen Körper, er war so aufgeregt und ungeduldig, daß er das Fahrrad mitten auf dem Feld liegen ließ und so schnell er konnte zur Klippe lief.

Als er sich der Klippe näherte, bemerkte er plötzlich, daß er nicht alleine war. In einiger Entfernung querte eine Frau langsam das Feld. Als Jim näher kam, glaubte er die Frau zu erkennen, doch er wußte nicht, wo er sie schon gesehen hatte.

Als er nicht mehr weit entfernt von ihr war, beschloß er, sie zu rufen. Da er nicht wußte, wer sie war, warf er ihr in der legeren Art der Amerikaner ein lockeres: »He, Sie! Kennen wir uns nicht?« zu.

Die Frau hörte seine Worte, blieb stehen und blickte zu Jim hinüber. Sie winkte Jim zurück und lächelte auf eine Weise, die Jim kein großes Vertrauen einflößte.

Plötzlich wußte er, wer diese Frau war. Es war Morgana, die Kellnerin aus der Pension. Was tat sie hier? Sie hatte doch behauptet, diesen Ort nicht zu kennen.

Die letzten Worte, an die er sich erinnerte, waren: »Das ist ein guter Platz zum Beerenpflücken.« Bis ihm klar wurde, daß Morgana eine Hexe aus Artus' Zeit war, hatte sie ihn bereits mit einem Zauberbann belegt, der ihn in tiefen Schlaf versinken ließ.

Da Morgana eine Zauberin war, konnte sie sich frei durch die Zeit bewegen. Sobald Jim zu Boden fiel, riß sie ihm den Rucksack vom Rücken und durchsuchte ihn, bis sie die handgezeichneten Karten fand. Schnell fesselte sie Jims Hände mit dem Seil und steuerte auf die Stelle zu, die Jim auf der Karte markiert hatte.

Sobald sie die Klippe erreicht hatte, begann sie zwischen den Büschen und Bäumen, die neben der Klippe wuchsen, zu suchen. Innerhalb von Minuten hatte sie Jim und den Rest der Welt hinter sich gelassen und dachte nur noch daran, daß sie Artus' Geschenk finden mußte. Sie wollte es haben. Ihre einzige Chance auf Rache bestand darin, Artus seinen Platz in der Geschichte zu verwehren. Und jetzt hatte sie die Gelegenheit dazu.

Als Morgana nicht mehr zu sehen war, tauchte ein anderer Mann neben Jim auf. Mit seinen langen Fingern zeichnete er einen Bogen in die Luft über Jims unbeweglichem Körper. Sobald er den Bogen vollendet hatte, erwachte Jim aus seinem tiefen Schlaf.

Als er die Augen öffnete, blickte er in die Augen des alten Mannes. Jim wußte nicht, wer der Mann war, hatte aber das unbestimmte Gefühl, ihn zu kennen.

Flink wie ein Wiesel löste der Mann die Fesseln von Jims Händen. Mit sanfter Stimme sagte er: »Artus schickt mich.«

Jim lief ein eiskalter Schauer über den Rücken. Er wußte nicht, was mit ihm geschah, aber glaubte nicht, daß er träumte. Wen hatte Artus geschickt? Wer war dieser Mann?

Mit großer Bestimmtheit sagte der Mann: »Komm' *jetzt* mit mir. Wir haben keine Zeit zu verlieren. Morgana wird bald spüren, daß ich hier bin.«

Der Mann nahm Jims Rucksack und begann, über das Feld in Richtung Norden zu laufen. Jim versuchte, ihm zu folgen, doch sein Körper fühlte sich an, als wäre er mit Bleigewichten gefüllt. Jim lief so schnell er konnte, erreichte aber nicht einmal ein Drittel seiner normalen Laufgeschwindigkeit.

Während er versuchte, mit dem Mann mitzuhalten, fragte er sich, warum dieser den Namen der Frau kannte. Nach zwei Minuten bekam Jim kaum noch Luft und mußte stehenbleiben. Der Zauberbann, mit dem Morgana ihn belegt hatte, raubte ihm die Kraft. Da er zum Sprechen nicht genug Sauerstoff in der Lunge hatte, warf Jim dem Mann einen flehentlichen Blick zu, mit dem er den Fremden um eine Erklärung bat.

Bevor er einen Laut von sich gegeben hatte, sagte der Mann: »Ich bin Merlin. Artus hat mich geschickt, um Dich hier zu treffen. Er wußte, daß Morgana versuchen würde, das Geschenk zu finden. Darum hat er auf der Karte die falsche Stelle markiert, um sie in die Irre zu führen. Er hat das Kreuz an einer Stelle gemacht, die nahe genug ist, um unser Zusammentreffen zu sichern, aber entfernt genug, um zu verhindern, daß Morgana das Geschenk findet.«

Jim lächelte. Plötzlich fühlte er, wie seine Energie zurückkehrte, als ob Morganas Bann gebrochen sei. »Gehen wir, Merlin. Schnell!«

Sie liefen weiter über das Feld. Als sie den Wald in der Nähe der Klippe erreichten, befestigten sie ein Ende des Seils an einem knorrigen alten Baum. Merlin warf das andere Ende des Seils über die Klippe und deutete Jim, nach unten zu klettern.

Jim hatte keine Ahnung, ob er wach war oder träumte, aber er beschloß, das Spiel einfach mitzuspielen. Er ergriff das Seil und schwang sich über den Rand der Klippe. Nachdem er sich ungefähr sechs Meter hinuntergelassen hatte, sah er den Eingang einer großen Höhle.

Jim beging den Fehler, einen Blick nach unten zu werfen, wo sich in fünfzig Metern Tiefe die wilde Brandung des Meeres an den Felsen brach. Der steile Abgrund löste bei Jim den dringenden Wunsch aus, wieder festen Boden unter den Füßen zu spüren. Er stellte sich vor den Eingang der Höhle und sah hinein. In der Höhle war es stockdunkel.

»Wie soll ich in dieser Finsternis jemals das Geschenk finden?« fragte Jim und war ärgerlich, daß er keine Taschenlampe oder wenigstens Streichhölzer mitgebracht hatte. Da sah er einen hellen Lichtschimmer in der Höhle. Vorsichtig tastete er sich vorwärts.

Nach einigen Schritten in der Dunkelheit stieß er mit der Zehe an einen harten Gegenstand, den er für einen Stein hielt. Doch kaum hatte er ihn mit dem Fuß berührt, schien die Sonne strahlend in die Höhle. Der ganze Raum war taghell erleuchtet.

Vor Jim, eingebettet in den Felsen, stand Excalibur!

Jims Mund blieb offen stehen, nachdem er den Namen des Schwertes geflüstert hatte: *»Excalibur!« Artus* hatte dieses Schwert vor 1400 Jahren in den Händen gehalten. Jim wußte, daß die Berührung des Schwertes so etwas wie ein Handschlag mit seinem königlichen Freund sein würde.

Jim erinnerte sich, wie Artus ihm erzählt hatte, daß nur eine herausragende Führungspersönlichkeit das Schwert aus dem Felsen ziehen konnte. Steckte das Schwert auch jetzt wieder fest? Konnte nur ein großer König es dem Stein entreißen?

Doch noch bevor er das Schwert ergriff, fiel sein Blick auf die Wände der Höhle. Artus hatte sie vom Boden bis zur Decke mit bunten Steinen beschrieben. Er hatte ein Bild von Camelot gezeichnet und eine Karte von der Stelle, an der die Burg stand. Er hatte die Namen von Sir Lancelot, Merlin und all den anderen Rittern der Tafelrunde und seinen eigenen Namen und das Jahr, 597, aufgeschrieben.

Und dann sah Jim noch eine andere Botschaft. Sie war für ihn bestimmt. Artus hatte *Jims* Namen an die Wand geschrieben: »Für meinen Freund Jim Smith, Ritter der virtuellen Tafelrunde!«

»Danke Artus, mein Freund und König!« rief Jim, als er nach dem Schwert griff. Plötzlich wurde ihm bewußt, warum Artus ihn gebeten hatte, erst hierher zu kommen, wenn er sein weltweites Team zum Erfolg geführt hatte. War Jim nun eine so herausragende Führungspersönlichkeit, daß er Excalibur aus dem Felsen ziehen konnte?

Jim legte die linke Hand um die linke Seite des Heftes. Vielleicht war es nur seine Einbildung, aber er hatte das Gefühl, als hätte sich das Schwert ein wenig bewegt. Er legte die rechte Hand um die rechte Seite des Heftes. War all das überhaupt Wirklichkeit?

Jims Herz schlug mit rasender Geschwindigkeit, und seine Nerven waren zum Zerreißen gespannt, denn er wußte, daß Artus das Schwert in den Felsen gesteckt hatte.

Jim stemmte die Füße fest auf den Boden. Und dann, mit all seiner Kraft, begann er zu ziehen …

Artus' Erkenntnisse

Wenn Vertrauen die Menschen verbindet, schaffen sie gemeinsam magische und wunderbare Dinge – wie Camelot.

Excalibur

Wenn Sie ein Team aus der Ferne leiten müssen, haben sie nur wenig oder gar keine Kontrolle über Ihre Mitarbeiter. In der Isolation der Entfernung besteht die einzige Kontrolle, die Ihnen bleibt, in jener, die Ihre Mitarbeiter über sich selbst ausüben.

Der sicherste Weg, Ihr Team auch über die Entfernungen hinweg zu Höchstleistungen zu führen, liegt darin, Vertrauen zu schaffen. Sie müssen danach trachten, daß jedes Wort und jede Handlung in Ihrem virtuellen Team das Vertrauen fördert …

- zu Ihnen als dem virtuellen[1] Leiter des Teams;
- zu Ihrem virtuellen Projekt oder Ihrem virtuellen Unternehmen;
- zu allen virtuellen Mitarbeitern in der Ferne.

---

[1] Virtuell leitet sich hier von dem Konzept der »virtual reality« ab und bedeutet im Kontext dieses Buches »dezentral« Jedes Team, dessen Mitglieder nicht am selben Ort arbeiten, ist virtuell

Die Tafelrunde

Da virtuelle Projekte nicht an einem gemeinsamen Arbeitsplatz durchgeführt werden, braucht das Team aussagekräftige Symbole, die die Mitarbeiter auch über die Entfernungen hinweg verbinden.

- Versammeln Sie Ihre Mitarbeiter zu Beginn des Projektes zu einem Start-Meeting.
- Achten Sie darauf, daß alle Mitglieder des Teams die direkten (und persönlichen) Vorteile erkennen, die sie aus der Mitarbeit an dem virtuellen Projekt ziehen.
- In dem Vakuum, das durch die Distanz entsteht, müssen Sie eine Möglichkeit finden, die Leistungen Ihrer Mitarbeiter zu honorieren. Seien Sie kreativ und persönlich, wenn es darum geht, die gemeinsamen Errungenschaften des virtuellen Teams anzuerkennen.

Das große Turnier

Da die virtuellen Teammitglieder nur selten persönlichen Kontakt haben und einander kaum kennen, müssen Sie dafür sorgen, daß Ihre Mitarbeiter mehr über einander erfahren.

- Geben Sie Ihren Teammitgliedern die Möglichkeit, einander beruflich und privat besser kennenzulernen (Treffen, bei denen alle an einem Ort zusammenkommen, elektronische Jahrbücher etc.), damit sie auch über die Entfernungen hinweg gut zusammenarbeiten.
- Führen Sie ein kurzes, informelles Meeting ein, bei dem die Teammitglieder Probleme besprechen und die Meinung der

anderen einholen können (z. B. die Freitagsturnier-Audiokonferenz).

- Da die enge Zusammenarbeit virtueller Teams sich selten von selbst ergibt, stellen Sie Paare oder kleine Gruppen zusammen, die bei bestimmten Projektbereichen zusammenarbeiten. Noch besser ist es, wenn Sie Ihre Mitarbeiter dazu anhalten, sich selbst zu Zweierteams oder Kleingruppen zusammenzuschließen.
- Fördern Sie die Ideen Ihrer Mitarbeiter. Anerkennen Sie jede Idee, die an der virtuellen Tafelrunde vorgetragen wird. Ihre Reaktion auf eine Idee muß dem, der sie vorgebracht hat, fair erscheinen.
- Vertrauen ist eine sehr fragile Angelegenheit, besonders am Anfang. Deshalb sollten Sie Ihren Mitarbeitern primär vertrauen und nicht mißtrauen.

Camelot

Bei Teams, die über räumliche Entfernungen zusammenarbeiten, kommt es oft vor, daß nach einem gemeinsamen Meeting die Konzentration und das Engagement für das Projekt schwinden. Deshalb ist es wichtig, einige Bindeglieder einzuführen:

- ein klares und verständliches intellektuelles Band, damit alle Mitarbeiter wissen, welches Ziel das virtuelle Team verfolgt, auch wenn die Teammitglieder große Entfernungen voneinander getrennt sind;
- ein klares emotionales Band auf persönlicher Ebene, damit die Mitarbeiter trotz der räumlichen Distanz motiviert bleiben;
- einen gemeinsamen Leitsatz, an dem sich die Mitarbeiter Tag für Tag orientieren können.

Lancelot

Seien Sie *absolut fair* bei der Behandlung der Teammitglieder, egal ob sie nah oder fern sind. Selbst das geringste Anzeichen von bevorzugter Behandlung schadet dem Vertrauen.

- Widerstehen Sie der Versuchung, sich mehr auf jene Mitarbeiter zu verlassen, die in Ihrer Nähe sind, und die anderen zu vernachlässigen.
- Behandeln Sie die Bedürfnisse aller Ritter gleichrangig.
- Geben Sie allen Rittern die gleichen Möglichkeiten, sich zu profilieren und zu den Ergebnissen beizutragen.
- Reagieren Sie auf schlechte Leistungen. Sie dürfen Probleme unter den Mitarbeitern und unzureichende Leistungen trotz der Entfernungen nicht ignorieren.
- Seien Sie konsequent und fair, indem sie alle Ritter für ihre Handlungen zur Verantwortung ziehen.

Merlin

Schlechte Kommunikation und die ungleiche Verteilung von Informationen können das Vertrauen in einem virtuellen Team zerstören. Diese Probleme sind vielleicht monatelang nicht offensichtlich, wirken sich aber immer negativ auf die Produktivität und den Gewinn aus.

Um sich bei Vereinbarungen ganz klar und unmißverständlich auszudrücken, verwenden Sie die folgenden Anhaltspunkte:

- *visuelle Anhaltspunkte* – Bilder, Graphiken, Diagramme, Tabellen;

- *greifbare Anhaltspunkte* – zum Fühlen, Spüren, Angreifen;
- *verbale Anhaltspunkte* – Details, Analysen, Vergleiche, Beispiele, Abläufe.

Verstärken Sie die Klarheit durch Partnerschaften der Klarheit, bei denen ein Mitarbeiter ohne Aufforderung das wiederholt, was er gehört hat. Die Partnerschaft der Klarheit hilft Menschen, die durch räumliche Distanzen getrennt sind, wichtige Zusammenhänge und Einzelheiten zu erfassen, die bei virtuellen Teams leicht verlorengehen. Selbst wenn die Teammitglieder einander in Problemfällen nicht sofort erreichen können, verfügen sie über genug Informationen, um eine effektive, unabhängige Entscheidung zu treffen.

Achten Sie darauf, daß die Kommunikation in Gang bleibt, um dem Phänomen »aus den Augen, aus dem Sinn«, das bei virtuellen Teams oft auftritt, entgegenzuwirken. Erstellen Sie einen Kommunikationsplan, um sicherzustellen, daß alle Mitarbeiter über die wichtigsten Angelegenheiten des Teams informiert sind.

Der Excalibur Award

Zur Förderung, Entwicklung und Anerkennung effektiver Kommunikation in virtuellen Teams

Für Führungskräfte in der virtuellen Arbeitswelt

- **Wie man ein dezentrales Team leitet.** Für Führungskräfte von Teams, die nicht an einem Ort zusammenarbeiten.
- **Wie man ein internationales Team führt, das mehrere Standorte umfaßt.** Für Führungskräfte mit Mitarbeitern in mehreren Ländern.

- **Wie man Telecommuter bzw. Tele-Pendler führt.** Für Führungskräfte, die mit virtuellen Pendlern erfolgreich arbeiten wollen.

- **Wien man eine 24x7-Gruppe leitet.** Für Unternehmen, die 24 Stunden pro Tag, 7 Tage pro Woche tätig sind.

Für Teams in der virtuellen Arbeitswelt

- **Strategien für eine vertrauensvolle Zusammenarbeit.** Wie der Teamgeist gewahrt wird, auch wenn ein oder mehrere Mitglieder des Teams nicht am selben Ort arbeiten.

- **Kommunikation an der virtuellen Tafelrunde.** Für elektronische Meetings, einschließlich Audio- und Videokonferenzen, Voice-Mail, E-Mail und andere computerunterstützte Kommunikationsformen für dezentrale Teams.

Für Arbeitnehmer in der virtuellen Arbeitswelt

- **Wie man über die Entfernung hinweg erfolgreich mit seinem Teamleiter oder -kollegen kommuniziert.** Für die Präsenz, die Einbindung und das Feedback, die Sie in der Isolation der Distanz brauchen.

- **Wie man als Telecommuter bzw. Tele-Pendler erfolgreich ist.** Wie Sie, auch wenn Sie zu Hause arbeiten, präsent bleiben.

Wenn Sie mehr über den Excalibur Award, die Leitung von dezentralen Teams, Teamarbeit und Kommunikation über räumliche Entfernungen hinweg erfahren möchten, wenden Sie sich bitte an:

Bridge the Distance, International
8378 East Jamison Circle South
Englewood, CO 80112-2756, USA
Tel: Vorwahl USA + (303) 694-9099,
Fax: Vorwahl USA + (303) 694-9091
E-Mail: jkostner@distance.com
Website: http://www.distance.com

Über die Autorin

Dr. Jaclyn Kostner ist die Gründerin und Vorsitzende von **Bridge the Distance International**, einem Unternehmen für Consulting und Training mit Sitz in Englewood, Colorado. Ihre Firma ist auf die Kommunikation von virtuellen, dezentral operierenden Teams spezialisiert.

Dr. Kostner, die seit 1990 als Expertin auf dem Gebiet der Leitung von Teams aus der Ferne gilt, schrieb ihre Dissertation über die Kommunikation virtueller Arbeitsgruppen an der Universität von Denver. Ihre Arbeit wurde in zahlreichen Medien publiziert, darunter *USA Today*, dem *Byte* Magazin, *MicroTimes* und dem PM Network des Project Management Instituts.

Vor zehn Jahren begann Dr. Kostner sich für virtuelle Teams zu interessieren. Sie war selbst Mitglied eines dezentral operierenden Teams. Trotz der Tausenden Kilometer, die die Mitarbeiter dieses Teams voneinander trennten, war die räumliche Distanz keine Barriere für die erfolgreiche Zusammenarbeit. Dieses virtuelle Team brachte ein Produkt auf den Markt, dessen Erfolg bis heute anhält.

Die Erfahrungen, die sie durch die Mitarbeit in diesem Projektteam sammeln konnte, hat sie in fünf Büchern für Houghton Mifflin und Glencoe/Macmillan/McGraw Hill festgehalten. Zu ihren zahlreichen Klienten gehören einige der fortschrittlichsten Unternehmen der Welt.

Eddie Obeng

New World Manager

Revolutionäre Erkenntnisse und Regeln für das Management in der neuen, globalen Welt

Eddie Obeng, der Direktor von Europas bekanntester virtueller Business-School, bietet im „New World Manager" zwölf Regeln für innovatives Management in einer komplexen, chaotischen Welt mit globalem Wettbewerb. Ein lebensnotwendiger Check-up für jeden Manager, um sich als vernetzt denkender und handelnder „New World Manager" zu qualifizieren, der die unendlichen Möglichkeiten des globalen virtuellen Raumes nützt.

ISBN 3-85436-251-X / 364 Seiten

DM 54,– / öS 394,– / sFr 49,–

André Papmehl (Hrsg.)

Absolute Customer Care

Wie Topunternehmen Kunden als Partner gewinnen

Unverzichtbares „State of the art"-Wissen für alle, die ihre Kunden begeistern und als Partner gewinnen wollen. Renommierte Autoren (u. a. Reinhard Sprenger und Edgar K. Geffroy) zeigen in 22 Beiträgen, wie Topunternehmen 100%ige Kundenorientierung als zentralen Wettbewerbsfaktor einsetzen. Wertvolle Hinweise, Checklisten und Tips helfen bei der praktischen Umsetzung im Unternehmen.

ISBN 3-85436-251-X / 348 Seiten

DM 54,– / öS 394,– / sFr 49,–

Marc van der Erve / Jonathan Ellis

Die Darwin-Manager

oder
Wie Evolution im lebenden Unternehmen wirkt

Wachstum ist unvorhersehbar, nicht steuerbar, ein Ergebnis des Zufalls. Manager müssen lernen, das Chaos zuzulassen, um Raum für Veränderungen zu schaffen. Auf den Spuren der Evolutionstheorie erforschen die Darwin-Manager völlig neue Dimensionen von Wachstum und Management: Wachstum als zyklischer Prozeß, Resonanz-, Respons- und Regenerationsfähigkeit, als Schlüssel für den Erfolg eines Unternehmens.
ISBN 3-85436-250-1 / ca. 250 Seiten
DM 48,– / öS 350,– / sFr 44,50